INHALT

NEW YORK FOODTRENDS

TREND
REZEPT

Alle Rezepte im Buch sind typische Vertreter der derzeit in New York boomenden Foodtrends. Markiert mit dem Trend-Button wurden spezielle Foodie-Highlights – so überraschend durch Zutatenkombis, Würze oder Garmethode, dass sie uns ganz besonders begeistert haben.

NEW YORKS GASTRONOMIE IST TRENDSETTER UND IMMER IM FLUSS

Jason Soloway (im Bild rechts), Inhaber des Farm-to-table-Restaurants »The Eddy« im East Village und sein deutscher Souschef Daniel Storck.

Ein Restaurant in New York zu betreiben – das ist der pure Wahnsinn: Die Mieten entbehren jeder Logik, die Arbeitskräfte sind rar, sehr oft unzuverlässig und teuer, und die Konkurrenz ist allgegenwärtig und gnadenlos.

Im Falle von »The Eddy« bedeutet das sieben Restaurants, die sich um einen gemeinsamen Innenhof drängen, dabei ist jedes für sich Nachbar eines weiteren Lokals. Diese riesige Auswahl, gepaart mit dem Bedürfnis der New Yorker, ständig Neues entdecken zu wollen, führt zu einem »Hunger-Games-artigen« Überlebenskampf in der Restaurantszene.

Es stellt sich also hier noch mehr als an anderen Orten die Frage: Wie kann ein Restaurant bedeutsam bleiben? Die Antwort ist: durch Experimentierfreude, Neuerfindungen und Weiterentwicklungen, durch das Setzen sowie oft auch dem Folgen von Trends. New Yorker Restaurants sind Spitzenreiter im Aufgreifen von Ideen, die sie neu interpretieren, um eigene Akzente zu setzen. Dies hat meist damit zu tun, dass eine Vielzahl von New Yorkern, einschließlich derer in der Gastronomie, nicht gebürtige New Yorker sind. Diese Köche und Restaurantbetreiber bringen Ideen von »daheim« mit – wo immer das auch sein mag – und erschaffen damit noch nie da gewesene Styles oder interpretieren bereits bestehende ganz neu. Das ist die Geheimzutat, die den Meltingpot der New Yorker Restaurants so besonders macht: Das Fremde wird nicht nur willkommen geheißen, sondern auch gefeiert.

In den späten 1980ern begann beispielsweise die Farm-to-table-Bewegung in New York Fuß zu fassen, bei der es darum geht, saisonale Zutaten von kleinen heimischen Bauernhöfen zu nutzen. Als Köche und Restaurantbetreiber in NYC anfingen, ein erhöhtes Bewusstsein für Saisonalität in ihre Konzepte zu integrieren, war das so bahnbrechend wie banal. Warum bahnbrechend? Weil diese Bewegung maßgeblich dazu beitrug, die gehobene Küche neu zu erfinden. Banal war es, weil für diejenigen, die das Leben auf dem Land kannten, »Farm to table« nicht eine neue Strömung, sondern tägliches Brot war.

Heute ist es schwer zu entscheiden, wo ein Hype anfängt und wo er endet – und es ist unklar, ob das wirklich wichtig ist. Jeder wird vom anderen beeinflusst. Wir, die wir in der gehobenen Gastronomie tätig sind, tendieren dazu, einen unverhältnismäßig großen Teil unseres Geldes für Restaurantbesuche und Reisen auszugeben, da wir immer wissen wollen, was die anderen so treiben. Diese Neugierde und die Tatsache, dass in New York so ziemlich jede Zutat verfügbar ist, die man sich vorstellen kann, beflügelt die Experimentierfreude. Man mag das Trendsetting nennen, oder eben professionelle Weiterentwicklung. Heute wird das Tempo und die Evolution dieser Entwicklungen zunehmend beschleunigt durch Social Media, und das hat natürlich prägende Auswirkungen auf unsere gesamte Food-Szene.

Ob man nun einen Trend setzt, einem folgt oder Trends einem völlig egal sind – das Ziel muss immer sein, erstklassiges Essen zu servieren, verlockende Drinks und zugewandten Service in einem gemütlichen Ambiente zu bieten und zu hoffen, dass das Ergebnis die Seelen der Gäste berührt. Ist das idealistisch? Natürlich. Aber ein Restaurant in NYC zu betreiben, ist genau so. Wo sonst könnte ein kanadischer Restaurantbetreiber zusammen mit einem ungarisch-amerikanischen Chefkoch sowie einem deutsch-amerikanischen Souschef mitteleuropäisches Essen servieren, das vom lokalen Bauernmarkt bestimmt wird und Akzente der Südstaatenküche in sich trägt. Es ist diese Hingabe und Leidenschaft, täglich etwas Besonderes zu produzieren, die uns immer wieder neu antreibt.

Jason Soloway & Daniel Storck

Die Fotografin Vivi D'Angelo (links) und die Autorin Sonja Stötzel (rechts) am beliebtesten Hotspot von Profi- und Hobbyfotografen: Brooklyn Bridge Park in Dumbo.

EINE REISE NACH NEW YORK – AUF DER SUCHE NACH FOODTRENDS

New York City. Keine Stadt der Welt übt eine so große Anziehungskraft und Faszination auf die Menschheit aus wie »The Big Apple«. Es gibt kaum jemanden, der nicht schon dort war oder der nicht unbedingt einmal dorthin möchte. So auch wir, zwei reise- und foodverrückte Mädels aus München. Die eine, als Fotografin stets mit der Kamera vor den Augen und das erste Mal in New York. Die andere, eine passionierte Foodbloggerin, in deren Freizeit sich alles rund ums Essen dreht und für die das die vierte Reise in diese Weltstadt ist.

Aber wie kommt man jetzt auf die Idee, ein Kochbuch über die Foodtrends New Yorks zu schreiben? Seit meinem ersten Besuch in New York (ich bin die Foodverrückte) sind mehr als 20 Jahre vergangen. Von der ersten Sekunde an hat mich diese Stadt in ihren Bann gezogen und nicht mehr losgelassen. Mit offenem Mund bin ich damals Block um Block durch die Straßen von Manhattan gegangen und aus dem Staunen nicht mehr herausgekommen. Seitdem hat sich einiges verändert. An die zwei Türme des World Trade Centers erinnert eine Gedenkstätte am Ground Zero, und die Stadt scheint noch hektischer, quirliger und größer geworden zu sein. War Brooklyn in jener Zeit allenfalls New Yorkern ein Begriff, so ist dieser Stadtteil heute auch bei Touristen äußerst beliebt. Aber immer noch ist The Big Apple voller Inspirationen. Ob in Sachen Mode oder Design, Architektur oder Gastronomie – New York ist Trendsetter und stets ganz vorne mit dabei.

Auf unserer Suche nach den angesagtesten Hypes in Sachen Food und Kulinarik wurde schnell klar: Was heute in New York als hip gilt, ist dort kurze Zeit später bereits ein alter Schuh. Zudem wird ein Trend nicht nur in einem bestimmten Viertel New Yorks gelebt, sondern ist meist über die ganze Stadt verteilt zu finden. Trotzdem aber haben wir bei unserer Tour einige Viertel, Restaurants und kulinarische Highlights aufgestöbert, die in unseren Augen extrem kultig sind – und die wir daher in diesem Buch ein bisschen genauer vorstellen möchten.

Wir laden euch ein auf einen abwechslungsreichen erlesenen Streifzug durch zehn Stadtviertel der Stadt, die niemals schläft. Vielleicht plant ihr eine Reise dorthin und bekommt Lust, die ein oder andere Ecke zu erkunden. Oder ihr seid schon mal dort gewesen und könnt euch auf Neues freuen. So oder so hoffen wir, dass wir euch nicht nur diese unglaubliche Stadt schmackhaft machen, sondern vor allen Dingen auch unsere kulinarischen Mitbringsel, die es auf den nächsten Seiten zu entdecken gibt!

MIDTOWN

BREAKFAST & BRUNCH

Zwischen Times Square und 5th Avenue, zwischen Rockefeller Center und Empire State Building – in Midtown schlägt nicht nur **das wahre Herz von Manhattan**, *hier findet man auch die* **innovativsten** *und* **kreativsten Brunch-Locations der Stadt.** *Jetlag und Zeitverschiebung spielen hier keine Rolle, denn nicht umsonst ist man in der Stadt, die niemals schläft!*

FTH AVENUE
BUILDING

MIDTOWN – DAS HERZ VON MANHATTAN

Laut, bunt, schillernd und ein hektisches Treiben, das ist Midtown. Times Square, Empire State Building, United Nations Headquarters, Grand Central Station, St. Patrick's Cathedral, Rockefeller Center – all die Orte und Gebäude, die man im Kopf hat, wenn man an New York denkt, befinden sich genau hier.

Midtown liegt, wieder der Name schon sagt, mitten im Herzen von Manhattan. Hier reiht sich ein riesiger Wolkenkratzer an den nächsten, so auch das Empire State Building, das Wahrzeichen und bekannteste Hochhaus der Stadt. Es dient Touristen und Einheimischen oft als Orientierung, da es von vielen Orten in Manhattan und Umgebung aus gesehen wird. Den besten Blick darauf hat man aber vom »Top of the Rock«, dem Dach des Rockefeller Centers. Versucht man die Skyline New Yorks auf einem einzigen Foto einzufangen, gelingt das am besten hier.

HISTORISCHE DECKENMALEREI ZUM FRIED CLAM SANDWICH

Zu den weiteren Attraktionen von Midtown zählt sicherlich die St. Patrick's Cathedral. Sie wurde im Jahr 1879 dem Schutzheiligen der Iren geweiht und ist heute der Sitz des Erzbischofs von NYC. Jedes Jahr am 17. März wird an dieser Stelle mit einer großen Parade an den Schutzheiligen erinnert, und die Stadt verwandelt sich in eine einzige grüne Partymeile. Selbst das Empire State Building erstrahlt an diesem Tag in grünem Licht.

Noch ein Highlight in der Mitte Manhattans ist das Grand Central Terminal, umgangssprachlich Grand Central Station genannt, mit ihrem berühmten Sternenhimmel an der Decke. Zwei Jahre lang wurde dieser historische Bahnhof (der größte der Welt!) mühe- und liebevoll restauriert, um die einstige Deckenmalerei von 1913 wiederherzustellen. Mindestens genauso bekannt wie das Deckengemälde ist die im Gebäude gelegene »Oyster Bar«, wo Einheimische, Durchreisende und Touristen nicht nur Austern schlürfen, sondern auch das angeblich beste Fried Clam Sandwich essen.

An keinem anderen Ort der Stadt jedoch spürt man die Aufregung und das Treiben New Yorks besser als am Times Square. Neonlichter und riesige Anzeigetafeln, Fernsehstudios und viele Broadway-Theater mit ihrer berühmten Musical-Szene – hier schlägt das wahre Herz von Midtown, hier ist man mittendrin in der funkelnden und glitzernden Lichterwelt. Egal, wie groß der Jetlag auch sein mag, ob zur Tages- oder Nachtzeit, Midtown ist der Teil von New York City, der definitiv niemals schläft.

Geniale Sicht vom »Top of the Rock«, dem Rockefeller Center, auf Downtown Manhattan.

DURCHSCHNAUFEN IM BRYANT PARK UND DER NEW YORK PUBLIC LIBRARY

Einen kleinen Ruhepol hingegen bietet der Bryant Park. Hier findet man im Sommer ein Open-Air-Kino und im Winter eine der schönsten Eislaufbahnen. Viele Angestellte der umliegenden Bürohäuser verbringen mit einem Sandwich in der Hand auf einer der zahlreichen Bänke im Park ihre Mittagspause. Direkt an den Bryant Park grenzt die namhafte New York Public Library: wunderschöne Architektur gefüllt mit Millionen von Büchern und einer Ruhe und Stille, wie man sie wohl an keinem anderen Ort in dieser riesigen Metropole findet. Zudem ist diese Bücherei ein beliebter Ort für Hochzeiten, und wer sich an »Sex and the City« erinnert – genau hier wartete Carrie vergeblich auf ihren Mr. Big.

> *Nicht nur eine der weltweit größten Bibliotheken, sondern auch beliebte Filmkulisse: die NYPL. »Sex and the City« & Co. lassen grüßen.*

AUF DEN SPUREN VON HOLLY GOLIGHTLY

Entlang der 5th Avenue reihen sich populäre Kaufhäuser wie Macy's, Bloomingdale's, Bergdorf Goodman, Saks Fifth Avenue sowie der wohl weltweit berühmteste Juwelier Tiffany & Co. Sofort denke ich an Audrey Hepburn als Holly Golightly aus dem Film »Breakfast at Tiffany's« und für mich ist klar – unser kulinarisches Highlight in Midtown kann sich nur ums Frühstück drehen. Und in der Tat bieten hier im Zentrum die meisten Cafés und Restaurants Breakfast und Brunch bis in die frühen Abendstunden an, nur um dann nahtlos zum Abendessen überzugehen.

Oben: Gemütliche Mittagspause und kurze Auszeit vom stressigen Alltag findet man im Bryant Park direkt neben der New York Public Library. | Rechts: Die Spitze des Chrysler Building ragt wie ein Pfeil in den Himmel.

Oben: Allgegenwärtige Szene in New York – »Streetwork« und »Roads under construction«. | Rechts: Jamsession in der New Yorker Underground.

Im Restaurant »Penelope« finden Brunch-Liebhaber alles, was das Herz begehrt. Nachdem man sich hier gestärkt hat, ist das der perfekte Startpunkt für eine Sightseeing-Tour durch Midtown.

BREAKFAST & BRUNCH

New York ist in vielerlei Hinsicht »The city that never sleeps« – die Stadt, die niemals schläft. Nicht wenige Geschäfte, Cafés und Restaurants haben rund um die Uhr geöffnet und das 365 Tage im Jahr. »Twenty-four-seven« wie der Amerikaner dies gerne nennt. Und so ist es nicht verwunderlich, dass man in NY von frühmorgens bis spätabends und auch in die Nacht hinein frühstücken kann. Ob Langschläfer oder Frühaufsteher, Reisender mit Jetlag oder Party People, die nach einer durchfeierten Nacht erst noch etwas essen, bevor sie schlafen gehen – in Big Apple kommt jeder auf seine Kosten. Auch ich habe diese Erfahrung bei meinem ersten Besuch in New York City gemacht. Um 4 Uhr morgens war ich dank der Zeitverschiebung mit knurrendem Magen aufgewacht und saß nur kurze Zeit später in einem kleinen Diner mitten in Manhattan, überrascht darüber, wie viele andere Menschen um diese Zeit frühstücken.

Breakfast. Für die einen ist es die wichtigste Mahlzeit des Tages, manch anderen hingegen reicht ein Kaffee, und die erste Nahrungsaufnahme des Tages erfolgt am Mittag. Ich persönlich liege irgendwo dazwischen, also nicht Breakfast und nicht Lunch, sondern Brunch. Der beginnt ganz gemütlich am späten Vormittag und lässt sich problemlos bis zum Nachmittag ausdehnen – neuerdings sogar bis in den Abend hinein. Kaffee oder Tee zu Eggs Benedict, später dann eine Bloody Mary und ein Süppchen, dazwischen vielleicht etwas zuckersüßes Monkey Bread oder ein Schüsselchen Obstsalat, damit auch die Vitamine nicht zu kurz kommen. Das Schöne bei einem späten Frühstück oder Brunch – alles ist möglich! In den meisten US-Cafés und -Restaurants liest sich die Speisekarte auch genauso: eine bunte Auswahl zwischen Frühstück und Mittagessen. Wobei das amerikanische Breakfast an sich schon viel üppiger ausfällt als das, was wir unter Frühstück verstehen. Nicht selten landen hier Eier mit Speck, dicke Pfannkuchen, Würstchen mit Bratkartoffeln oder Hash Browns (ähnlich wie unsere Kartoffelpuffer) auf dem Teller.

Während sich der New Yorker unter der Woche meistens irgendwo einen Coffee to go und einen Bagel auf die Hand holt, um sich dann in einer überfüllten U-Bahn auf den Weg zur Arbeit zu machen, liebt und zelebriert er am Wochenende einen ausgiebigen Brunch im Kreise von Familie und Freunden. Fragt man ihn, was er am Wochenende vor 15 Uhr so treibt, dann lautet die Antwort nicht selten: »I'm having a brunch!« Kein Wunder also, dass es entsprechend viele Brunch-Locations gibt. Und hier schwört jeder auf seinen persönlichen Lieblingsladen, weshalb Empfehlungen in Sachen Brunch nie ein Ende nehmen.

Wir entscheiden uns für's Café »Penelope« auf der Lexington Avenue und finden Frühstück und Brunch grandios! An einem Samstag kann man hier aber schon mal eine Stunde warten, um einen Tisch zu ergattern. Dafür wird man mit feinen Köstlichkeiten mehr als entschädigt – und kann immer wieder überraschend Neues auf der Karte entdecken.

RICOTTA-PANCAKES MIT HONIGBUTTER

Dicke, luftige, goldbraun gebackene Pfannkuchen gehören auf jeden Fall zu einem ausgiebigen amerikanischen Frühstück dazu. Gepaart mit Ricotta und Honigbutter sind sie genau das Richtige für den Brunch am Sonntag. Absoluter Trendfaktor sind hier die knusprigen Blütenpollen!

• • •

FÜR 4 PERSONEN (12 STÜCK)
ZUBEREITUNG: 25 MIN.
PRO PORTION: CA. 415 KCAL

½ Vanilleschote
2 Eier (M)
Meersalz
225 g Ricotta
120 ml Milch
80 g Mehl
1 TL Backpulver

50 g Butter zum Backen und Servieren
4 EL flüssiger Honig
2 EL Blütenpollen (Bioladen, nach Belieben)

FAST SCHON EIN MUSS: FRISCHE GEMISCHTE BEEREN – JE NACH GRÖSSE GANZ ODER AUCH ZERKLEINERT – ZU DEN PANCAKES SERVIEREN.

1 Den Backofen auf 80° vorheizen. Die Vanilleschote der Länge nach aufschlitzen und das Mark herauskratzen. Die Eier trennen. Die Eiweiße mit 1 Prise Meersalz mit den Rührbesen des Handrührgeräts steif schlagen.

2 Die Eigelbe mit Ricotta, Milch und Vanillemark verrühren. Das Mehl mit dem Backpulver und ¼ TL Meersalz vermischen und über die Ricottamischung sieben. Alles nur kurz verrühren, bis die Zutaten gerade eben miteinander verbunden sind. Den Eischnee zügig unter den Teig heben.

3 In einer großen beschichteten Pfanne 1 kleines Stück Butter schmelzen. Mit ausreichend Abstand pro Pancake je 2 EL Teig in die Pfanne geben und bei mittlerer Hitze 2–3 Min. backen, bis die Unterseiten goldbraun sind. Die Pancakes wenden und auch die andere Seite in 2–3 Min. goldbraun backen. Fertige Pancakes aus der Pfanne nehmen, auf einen ofenfesten Teller legen und bis zum Servieren im Backofen warmhalten. Nach und nach alle 12 Pancakes backen.

4 Zum Anrichten jeweils 3 Pancakes auf einen Teller stapeln, dabei zwischen die Pancakes und auf den Stapel je 1 Stückchen Butter geben. Zum Schluss über jeden Pancake-Stapel jeweils 1 EL Honig laufen lassen und nach Belieben noch mit Blütenpollen bestreuen. Sofort servieren.

CHOCOLATE-BANANA-FRENCH-TOAST

Wer diesen French Toast mit Schokolade und Bananen im Café »Penelope« in Midtown bestellt, braucht für den Rest des Tages garantiert nichts mehr zu essen. Alles ohne Umweg auf die Hüften, aber jede Kalorie ist es wert!

• • •

FÜR 4 PERSONEN
ZUBEREITUNG: 25 MIN.
PRO PORTION: CA. 640 KCAL

4 Bananen
4 Eier (M)
120 ml Milch
2 EL Rohrzucker
½ TL Zimtpulver
8 Scheiben Sandwich-Toast
8 EL Schokoladenaufstrich

4 EL Butter zum Backen

TREND REZEPT

1 Den Backofen auf 80° vorheizen. Die Bananen schälen und leicht schräg in dünne Scheiben schneiden. Die Eier mit Milch, Zucker und Zimt in einer großen Schüssel kräftig verquirlen.

2 Die Toastscheiben dick mit je 1 EL Schokoladenaufstrich bestreichen. Die Bananenscheiben auf 4 Toastscheiben verteilen, die übrigen Toastscheiben mit der Schokoladenseite nach unten auf die Bananen legen. Die Sandwiches an den Rändern leicht zusammendrücken.

3 Ein Sandwich nach dem anderen in die Milch-Eier-Mischung tunken, sodass die Toasts rundherum damit bedeckt sind.

4 In einer großen beschichteten Pfanne 1 EL Butter schmelzen. Darin den ersten French Toast bei mittlerer Hitze 3–4 Min. backen, bis die untere Seite schön goldbraun ist. French Toast wenden und auch die andere Seite in 3–4 Min. goldbraun backen. Aus der Pfanne nehmen, auf einen ofenfesten Teller legen und bis zum Servieren im Backofen warmhalten.

5 Wie gerade beschrieben nacheinander auch alle übrigen French Toasts backen und warm halten. Sind alle Toasts fertig, diese diagonal halbieren und sofort servieren.

BEEREN-GRANOLA

• • •

FÜR 4 PERSONEN
ZUBEREITUNG: 10 MIN.
BACKEN: 25 MIN.
PRO PORTION: CA. 445 KCAL

50 g gemischte Nüsse (z. B. Mandeln, Haselnusskerne, Walnusskerne, Cashewkerne)
90 g zarte Haferflocken
90 g kernige Haferflocken
1 EL Sesam
1 EL Kokosöl (ersatzweise Sonnenblumenöl)
50 g flüssiger Honig
½ TL Zimtpulver
½ TL Vanilleextrakt

400 g griechischer Joghurt
200 g gemischte Beeren (z. B. Erdbeeren, Himbeeren, Blaubeeren)
4 EL Ahornsirup

1 Den Backofen auf 180° vorheizen. Für das Granola den Nuss-Mix grob hacken und mit den zarten und den kernigen Haferflocken sowie dem Sesam in einer flachen Auflaufform vermischen. Im Ofen (Mitte) 10–15 Min. rösten, bis die Flocken knusprig braun sind, dabei gelegentlich umrühren.

2 Das Granola aus dem Ofen nehmen, den Ofen ausschalten. Ein Backblech mit Backpapier auslegen. Das Kokosöl leicht erwärmen, mit Honig, Zimt und Vanilleextrakt verrühren und in dünnen Fäden über das gebackene Granola laufen lassen. Alles gut durchmengen.

3 Das Granola auf dem Blech verteilen und für 5–10 Min. in den Ofen (Mitte) schieben. Das Granola röstet jetzt noch ein bisschen weiter, ohne zu verbrennen. Dann das Granola aus dem Ofen nehmen und vollständig auskühlen lassen.

4 Die Beeren verlesen, waschen, putzen und bei Bedarf zerkleinern. Den Joghurt glatt verrühren und auf Schälchen verteilen. Das Granola und die Beeren darübergeben und den Ahornsirup darüberlaufen lassen.

APFEL-ZIMT-OATMEAL

• • •

FÜR 4 PERSONEN
ZUBEREITUNG: 15 MIN.
PRO PORTION: CA. 460 KCAL

3 EL Walnusskerne
4 kleine Äpfel
150 g zarte Haferflocken
300 ml Milch
1 TL Zimtpulver
Meersalz
2 EL Ahornsirup
2 EL Butter
3 EL brauner Zucker

1 Die Walnusskerne nicht zu fein hacken. Die Äpfel vierteln, schälen, entkernen und in kleine Stücke schneiden.

2 Die Hälfte der Apfelstückchen mit den Haferflocken, der Milch, dem Zimt und 1 Prise Meersalz in einen Topf geben. Alles bei kleiner Hitze ca. 5 Min. sanft köcheln lassen, bis die Haferflocken die Flüssigkeit vollständig aufgenommen haben, dabei hin und wieder umrühren. Dann den Topf vom Herd nehmen und den Ahornsirup unter den Haferbrei rühren.

3 Inzwischen in einer kleinen Pfanne die Butter schmelzen. Darin die restlichen Äpfel ca. 5 Min. dünsten. Den Zucker darüberstreuen und die Äpfel unter Rühren karamellisieren lassen. Zum Schluss die gehackten Walnüsse untermischen.

4 Das Oatmeal auf Schälchen verteilen und die karamellisierten Äpfel darübergeben. Sofort servieren.

GRAPEFRUIT-BRÛLÉE

Diese gratinierten Grapefruits sorgen für einen vitaminreichen Start in den Tag – dazu noch in Rekordzeit! Die Kombination aus der leicht säuerlichen Zitrusfrucht und der Süße durch den karamellisierten Zucker ist ein echter Trendsetter auf jedem Frühstückstisch.

• • •

FÜR 4 PERSONEN
ZUBEREITUNG: 10 MIN.
PRO PORTION: CA. 115 KCAL

2 Grapefruits
4 EL Rohrzucker
Meersalz
1 Stängel Minze

GESUNDES EXTRA
MIT JE 1 KLECKS HÜTTENKÄSE SERVIERT, WERDEN DIESE GRAPEFRUITS NICHT NUR ZU EINEM VITAMIN-, SONDERN AUCH EIWEISSREICHEN FRÜHSTÜCK.

1 Den Backofen mit der Grillfunktion auf 200° vorheizen. Die Grapefruits quer halbieren und die Schnittflächen vorsichtig mit Küchenpapier abtupfen.

2 Die Grapefruithälften mit den Schnittflächen nach oben auf ein Backblech setzen. Jede Grapefruithälfte gleichmäßig mit 1 EL Rohrzucker bestreuen und mit 1 Prise Meersalz würzen.

3 Das Blech in den Ofen (2. Schiene von oben) schieben und die Grapefruits 5–7 Min. grillen, bis der Zucker flüssig wird und sich goldbraun verfärbt. Dabei unbedingt aufpassen, dass die Grapefruits nicht verbrennen!

4 Die Minze abbrausen und trocken schütteln, die Blättchen abzupfen. Die Grapefruithälften auf Dessertteller setzen und mit ein paar Minzeblättchen verzieren. Sofort servieren.

TREND REZEPT

KALE-EGG-BREAKFAST-SANDWICH

Ein leckeres Brötchen, gedünsteter Grünkohl, knuspriger Bacon und ein »Sunny side up«-Spiegelei sorgen für einen echten Powerstart in den Tag.

FÜR 4 PERSONEN
ZUBEREITUNG: 20 MIN.
PRO PORTION: CA. 360 KCAL

12 Blätter Grünkohl
4 EL Olivenöl
Meersalz, Pfeffer
12 Scheiben Frühstücksspeck
4 Eier (M)
4 Brötchen (Sorte nach Wahl)

TREND REZEPT

• • •

1 Den Grünkohl gründlich waschen und trocken schütteln. Die Blätter in mundgerechten Stücken von den Stielen zupfen (alle faserigen Teile entfernen).

2 In einer beschichteten Pfanne das Olivenöl erhitzen. Darin den Grünkohl bei mittlerer Hitze 3–4 Min. anbraten. Den Kohl kräftig mit Meersalz und Pfeffer würzen, aus der Pfanne nehmen und beiseitestellen.

3 Den Frühstücksspeck in die Pfanne geben und knusprig braten, dann auf Küchenpapier entfetten. Nun das Ei in die Pfanne schlagen und braten, bis Eiweiß und Eigelb gestockt sind. Das Brötchen auf dem Toaster erwärmen.

4 Das Brötchen aufschneiden und die untere Hälfte mit dem Grünkohl, dem Speck und dem Spiegelei belegen. Mit Pfeffer und wenig Meersalz würzen, die obere Brötchenhälfte darauflegen und leicht andrücken.

SCRAMBLED EGGS

Wie Rühreier so richtig locker und cremig werden, hat mir ein Kellner im »Penelope« verraten: »The secret is sparkling water and some cream!«

• • •

FÜR 4 PERSONEN
ZUBEREITUNG: 35 MIN.
PRO PORTION: CA. 665 KCAL

500 g Kirschtomaten (mit Rispen)
3 EL Olivenöl
Meersalz, Pfeffer

8 Eier (M)
300 g Sahne
Meersalz
1 Schuss Mineralwasser (mit Kohlensäure, ca. 20 ml)
40 g Butter

4 Scheiben Brot (Sorte nach Wahl) zum Servieren

1 Den Backofen auf 220° vorheizen. Die Tomaten waschen, dabei möglichst an den Rispen lassen. Tomaten in eine flache Auflaufform legen, mit Olivenöl beträufeln und mit Meersalz und Pfeffer würzen. Im Ofen (2. Schiene von oben) ca. 25 Min. rösten, dann herausnehmen und ca. 5 Min. abkühlen lassen.

2 Inzwischen die Eier mit der Sahne und ½ TL Meersalz gut verquirlen. Zum Schluss das Mineralwasser dazugeben und nur ganz kurz unterrühren.

3 Die Butter in einer großen beschichteten Pfanne schmelzen und die Eiersahne hineingießen. Sobald die Mischung beginnt, am Pfannenrand fest zu werden, mit einem Pfannenwender vom Rand aus in die Mitte schieben. Die nun noch flüssige Eiersahne läuft jetzt nach außen. Wird diese am Rand fest, auch wieder in die Mitte schieben.

4 Sobald die Rühreier gestockt, aber immer noch schön feucht sind, auf Teller verteilen. Die gerösteten Kirschtomaten darauf und daneben anrichten. Mit dem Brot servieren.

FARMERS BREAKFAST

Amerikaner mögen es gerne auch mal deftig zum Frühstück. Bratkartoffeln oder »Hash Browns« (erinnern an Schweizer Rösti) sind da keine Seltenheit. Diese Farmer-Version von Kartoffeln aus der Pfanne mit würzigem Katenschinken und Ei schmeckt auch zum Mittag- oder Abendessen.

• • •

FÜR 4 PERSONEN
ZUBEREITUNG: 50 MIN.
PRO PORTION: CA. 375 KCAL

700 g festkochende Kartoffeln
Meersalz
2 EL Olivenöl
½ grüne Paprika
200 g Katenschinken
1 Bund Frühlingszwiebeln
Pfeffer
1 TL getrockneter Majoran
4 Eier (M)
½ Bund Schnittlauch

1 Die Kartoffeln schälen, waschen und in ca. 1 cm große Würfel schneiden. Kartoffeln in einem Topf knapp mit Wasser bedecken, salzen. Aufkochen und mit schräg aufgelegtem Deckel bei kleiner bis mittlerer Hitze 10 Min. vorkochen. Die Kartoffeln anschließend abgießen und gut abtropfen lassen.

2 In einer großen gusseisernen Pfanne (ofenfest!) das Öl erhitzen. Die Kartoffelwürfel darin bei mittlerer Hitze in ca. 10 Min. rundherum knusprig braun anbraten.

3 Inzwischen von der Paprika die weißen Trennwände und Kerne entfernen, die Hälfte waschen und in kleine Würfel schneiden. Den Schinken ebenfalls klein würfeln. Die Frühlingszwiebeln putzen, waschen und schräg in feine Ringe schneiden. Den Backofen auf 200° vorheizen.

4 Paprika, Schinken und Frühlingszwiebeln zu den Kartoffeln in die Pfanne geben und alles weitere 10 Min. braten. Mit Meersalz, Pfeffer und Majoran würzen.

5 Mit einem Löffel vier Mulden in die Gemüse-Schinken-Kartoffeln drücken. Nacheinander die Eier aufschlagen und vorsichtig in die Mulden gleiten lassen. Die Pfanne in den Ofen (Mitte) schieben und das Bauernfrühstück 5–8 Min. backen, bis die Eier gestockt sind.

6 Den Schnittlauch abbrausen, trocken schütteln, in Röllchen schneiden und über das Bauerfrühstück streuen. Am besten in der Pfanne servieren und erst am Tisch auf die Teller verteilen.

GREENPOINT

ARTISANAL BREAD

Das **ehemalige Arbeiterviertel** *Greenpoint im Norden von Brooklyn lockt nicht nur mit zahlreichen Parks, Grünanlagen und einem* **unvergleichlichen Blick auf Manhattan,** *sondern auch mit einigen der* **besten Bäckereien der Stadt.** *»Artisanal Bread« – Brot backen als Kunst- und Handwerk zugleich und nach alter Tradition, das findet man in Greenpoints Bäckereien.*

BREAKFAST
COFFEE
BROOKLYN
LABEL

GREENPOINT – GRÜNE PARKS MIT 1A AUSBLICK

Suburban, lässig und »very much down to earth« – das ist Greenpoint und das sind seine Bewohner. Kinderwagen reihen sich vor den Cafés aneinander und Business-Talks werden nicht selten genau dort und mit einem Kleinkind auf dem Arm geführt. Alles eben völlig entspannt.

Greenpoint ist der nördlichste Stadtteil Brooklyns. Im Süden grenzt es an Williamsburg, der Rest von Greenpoint ist von Wasser umgeben, nämlich vom East River und dem Newton Creek. Möchte man Greenpoint gerne zu Fuß erkunden, so startet man am besten an der Nassau Avenue, Ecke Manhattan Avenue. Hier hält die einzige U-Bahn-Linie der Stadt, die ausschließlich in Brooklyn verkehrt und nicht nach Manhattan übersetzt.

VON DER ARBEITERGEGEND ZUM ANGESAGTEN IN-VIERTEL

Während Greenpoint früher vor allem von armen polnischen Einwanderern bevölkert wurde, so ist es heute aufgrund der Gentrifizierung ein beliebtes In-Viertel von Brooklyn geworden. Im Verhältnis zu manch anderen Gegenden sind die Mieten hier allerdings gerade noch bezahlbar, weshalb vor allem junge, gut verdienende New Yorker Greenpoint für sich entdeckt haben. Die vormalige Arbeitergegend erlebt mehr und mehr einen Wandel, der von shabby zu chic geht. Und trotzdem ist der Charakter des Stadtteils gemütlich und herrlich unaufgeregt.

Zwischen alten Fabrikhallen finden sich viele wundervolle »Brownstones« – Klinkerbauten, in denen junge Familien neben Alteingesessenen wohnen. Kleine Boutiquen und charmante Cafés säumen die Straßen und das boomende Nachtleben verleiht Greenpoint eine pulsierende, beinahe fühlbare Energie.

»BUY LOCAL« WIRD HIER GANZ GROSS GESCHRIEBEN

In Greenpoint sucht man vergeblich nach Läden, die irgendeiner Kette angehören. Auch Kaufhäuser findet man hier nicht, dafür aber eine ganz Menge Vintage-Läden und Boutiquen, die lokale Designer unterstützen. Ganz egal ob in Sachen Kunst, Mode, Schmuck, Interieur – Greenpoint ist eines der besten Viertel New Yorks, um eine große Bandbreite an kleinen unabhängigen Geschäften zu entdecken.

ES GRÜNT SO GRÜN

Wie fast überall in Brooklyn gibt es auch in Greenpoint zahlreiche Parks und Grünanlagen, etwa den McCarren Park, den Monsignor McGolrick Park mit seinem Farmers Market und den direkt am East River

An Schnürsenkeln verknotete Schuhe über Oberlandleitungen – Bedeutungen hierfür gibt es viele.

gelegene Transmitter Park. Letzterer lädt nicht nur zu einer morgendlichen Joggingrunde ein, von hier aus hat man auch – vom Chrysler Building bis zum World Trade Center – den wohl besten Blick auf die Skyline von Manhattan.

> *Nicht zuletzt sind es diese wunderbaren grünen Parks und Anlagen, die für den Namen Greenpoint verantwortlich sind.*

BIER UND BROT IN HANDARBEIT

Wer sich in Greenpoint ins Nachtleben stürzen mag, kann garantiert eine gute Zeit verbringen – und das für wenig Geld. Vielleicht als Relikt der einstmals in diesem Stadtteil lebenden Arbeiterklasse gibt es hier immer noch viele Spelunken und dunkle Löcher mit einer zum Teil unglaublich großen Auswahl an Craft Beer. In manchen Bars werden bis zu 20 verschiedene Biersorten frisch gezapft, die meisten davon in kleinen lokalen Brauereien gebraut. Ist eine Sorte aus, wird sie einfach von der Karte gestrichen oder durch eine andere ersetzt. Aber auch die Cocktail-Bewegung hat vor Greenpoint nicht halt gemacht, und man bekommt in etlichen Bars tolle und zum Teil außergewöhnliche Drinks, die unbedingt einen Versuch wert sind.

Neben den kleinen Craft-Beer-Brauereien verstecken sich zudem noch so einige Bäckereien in Greenpoint, die ihr Brot in Handarbeit fertigen und über das Viertel einen feinen Duft von Frischgebackenem zaubern. Und genau die haben es uns mit ihrem zum Teil legendären Sauerteigbrot auch am meisten angetan. »Artisanal Bread« oder »Brot als Handwerk« – das ist unser Foodie-Highlight in Greenpoint.

Oben: Greenpoint ist ein Viertel der Familien und Kinder. Working Mum und Dad kümmern sich hier gleichermaßen um den Nachwuchs. | Rechts: Die Arbeit kann warten – erst mal ein gemütlicher Besuch im Café.

patagonia

Oben: Während man seinen Café au lait an der Theke schlürft, blickt man direkt in die Backstube der »Bakeri« in Greenpoint. | Rechts: Die besten Zutaten für ein gutes Brot – ganz viel Liebe und Leidenschaft.

Der frisch geknetete und gegangene Brotteig wartet in kleinen Gärkörbchen darauf, im vorgeheizten Ofen perfekt gebacken zu werden. Und schon kurze Zeit später kann man die Backwaren auch gleich genießen.

ARTISANAL BREAD

Ich liebe Brot! Das war schon immer so und wird sich vermutlich weder in naher, noch in ferner Zukunft ändern. Wer nun wie ich in Deutschland geboren und auch aufgewachsen ist, der ist in Sachen Brot ziemlich verwöhnt. Deutsche Bäckereien gehören immerhin zu den besten und angesehensten auf der ganzen Welt – das Angebot ist riesig und Brot & Co. sind an Qualität fast nicht zu toppen. Ganz anders hingegen meine bisherigen Erfahrungen mit amerikanischem Brot. Superweiches Weißbrot in Kastenform, das sich mit einer Hand problemlos auf die Größe eines Tennisballs zusammendrücken lässt und beim Loslassen innerhalb weniger Sekunden seine Ursprungsform wieder einnimmt – so habe ich dieses Brot in der Vergangenheit kennengelernt. Allerdings hat sich das mit dem zunehmenden Bewusstsein für gutes und nachhaltiges Essen sowie für regionale und saisonale Produkte gravierend geändert.

Ein Muss: Salted Peanut Butter Cookies aus der »ovenly«-Bakery.

Brot ist nicht gleich Brot, das haben auch die New Yorker erkannt. Mittlerweile gibt es zahlreiche kleine Bäckereien, die Brotbacken nicht nur als Handwerk, sondern auch als Wissenschaft verstehen. Um das perfekte Brot zu erhalten, stimmen sie die Herkunft des Korns, den Härtegrad des Wassers, die Gär- und Fermentierzeiten und vieles mehr aufeinander ab. Für mich ist Brotbacken aber auch irgendwie Kunst. Immerhin ist das Wort »art«, also Kunst, ja auch Bestandteil des Wortes »artisanal« = handwerklich. Dabei geht es jedoch nicht darum, wie kunstvoll ein Brot am Ende aussieht. Es geht auch nicht allein um die Handarbeit. Nein, viel mehr geht es um die Verwendung von guten und »ehrlichen« Zutaten. Beim Sauerteigbrot gehört dazu auch ein natürlich hergestellter Sauerteig-Ansatz, der ausschließlich aus Mehl und Wasser besteht.

Beste Zutaten und uralte, bewährte Methoden und Traditionen des Brotbackens machen es am Ende aus, das »Artisanal Bread«. Das beste Sauerteigbrot in Greenpoint findet man in der »Bakeri« – Bäckerei und Café zugleich. Man sitzt dort auf gemütlichen, kunterbunt zusammengewürfelten Stühlen bei einer großen Schale Café au lait und schaut den Bäckern in der Backstube bei ihrem Handwerk zu.

NO KNEAD BREAD

Der Teig für dieses Brot wird lediglich mit einem Kochlöffel verrührt, nicht geknetet (»no knead«), und dann im gusseisernen Topf knusprig gebacken.

• • •

FÜR 1 BROT (CA. 20 SCHEIBEN)
ZUBEREITUNG: 45 MIN.
RUHEN: 14 STD.
BACKEN: 50 MIN.
PRO SCHEIBE: CA. 70 KCAL

400 g Mehl (Type 550)
½ TL Trockenhefe
Meersalz

Mehl zum Arbeiten

1 Das Mehl mit Trockenhefe und 1 TL Meersalz in eine Rührschüssel geben und vermischen. Nach und nach 320 ml kaltes Wasser dazugießen und alles mit einem Kochlöffel verrühren, bis keine Klümpchen mehr vorhanden sind. Mit Frischhaltefolie abdecken und bei Zimmertemperatur 12 Std. gehen lassen.

2 Den Teig auf eine leicht bemehlte Arbeitsfläche geben und mit den Händen oder einem Teigschaber rundherum zur Mitte hin einschlagen. Mit der Nahtseite nach unten auf ein Stück Backpapier setzen, abgedeckt weitere 1–2 Std. gehen lassen. Gegen Ende der Ruhezeit einen gusseisernen Topf (24 cm Ø) in den Backofen stellen und den Ofen auf 230° vorheizen.

3 Den Topf aus dem Ofen nehmen und den Teig mithilfe des Backpapiers vorsichtig mit der Nahtseite nach oben in den Topf setzen. Den Teig mit etwas Mehl bestäuben, den Topf mit dem Deckel verschließen. Das Brot im Ofen (Mitte) 30 Min. backen, dann den Deckel entfernen und das Brot noch weitere 15–20 Min. backen. Das Brot ist fertig, wenn es außen schön knusprig braun ist und beim Draufklopfen »hohl« klingt.

SAUERTEIGBROT

Sourdough bread lässt sich aus vielen Mehlsorten herstellen. Diese Variante wird mit Weizenmehl zubereitet und schmeckt ofenfrisch am allerbesten.

• • •

FÜR 1 BROT (CA. 20 SCHEIBEN)
ZUBEREITUNG: 20 MIN.
RUHEN: 26 STD.
VORHEIZEN + BACKEN: 1 STD. 15 MIN.
PRO SCHEIBE: CA. 65 KCAL

360 g Mehl
2 EL Natur-Sauerteig (ca. 30 g, gebrauchsfertig)
Meersalz

Mehl zum Arbeiten

1 In einer Rührschüssel Mehl, 320 ml Wasser, Sauerteig und 1 ½ TL Meersalz mit einem Kochlöffel zu einem glatten Teig verrühren. Abgedeckt bei Zimmertemperatur 12 Std. (bei warmem Wetter) bis 24 Std. (kaltem Wetter) gehen lassen.

2 Dann (das Teigvolumen sollte sich verdoppelt haben) den Teig auf eine gut bemehlte Arbeitsfläche geben und mit dem Teigschaber mehrmals von außen nach innen einschlagen (nicht kneten!). Anschließend den Teig mit der Nahtstelle nach unten auf ein bemehltes Geschirrtuch setzen, das Tuch einschlagen und den Teig weitere 2 Std. gehen lassen.

3 Den Backofen ca. 30 Min. auf 180° vorheizen, dabei einen gusseisernen Topf (24 cm Ø) samt Deckel in den Ofen stellen. Topf herausnehmen und die Temperatur auf 250° erhöhen.

4 Teig mit der Naht nach unten in den Topf geben und abgedeckt im Ofen (Mitte) 25–30 Min. backen. Deckel entfernen, das Brot weitere 10–15 Min. backen. Das Brot ist fertig, wenn es knusprig braun ist und beim Draufklopfen »hohl« klingt.

RÖSTBROT MIT AVOCADO UND ZITRONE

Das schmackhafteste Sauerteigbrot – mit cremiger Avocado darauf und einem Hauch Zitrone darüber – haben wir in der »Bakeri« in Greenpoint gegessen. Oft sind die simplen Dinge einfach die besten!

FÜR 4 PERSONEN
ZUBEREITUNG: 15 MIN.
PRO PORTION: CA. 415 KCAL

1 EL Schwarzkümmelsamen
4 EL Olivenöl
4 dicke Scheiben Sauerteigbrot (siehe S. 41)
2 vollreife Avocados
4 TL Zitronensaft
Meersalz, Pfeffer

VOLL IM TREND
»AVOCADO AUF BROT« STEHT AUF DER KARTE FAST ALLER FRÜHSTÜCKSCAFÉS IN NEW YORK – OB PÜRIERT, MIT DER GABEL ZERDRÜCKT ODER IN SCHEIBEN GESCHNITTEN, HAUPTSACHE SIE IST DABEI!

• • •

1 Den Schwarzkümmel in eine große (beschichtete) Pfanne streuen und 2–3 Min. rösten, bis er zu duften beginnt. Herausnehmen und auskühlen lassen.

2 In der Pfanne 2 EL Olivenöl erhitzen. 2 Brotscheiben nebeneinander in die Pfanne legen und bei mittlerer Hitze auf beiden Seiten goldbraun rösten. Das dauert ca. 2 Min. pro Seite. Auf einen Teller legen und auch die restlichen 2 Brotscheiben in der Pfanne bräunen.

3 Die Avocados längs halbieren und entkernen. Das Fruchtfleisch mit einem Esslöffel möglichst im Ganzen aus der Schale lösen und quer in dünne Scheiben schneiden.

4 Jede Brotscheibe mit ½ aufgeschnittenen Avocado belegen und mit je 1 TL Zitronensaft beträufeln. Mit Meersalz, Pfeffer und dem Schwarzkümmel bestreuen. Sofort servieren.

TREND REZEPT

WALNUSS-CRANBERRY-BROT

Frisch aus dem Ofen, mit einem Klecks Butter und etwas aromatisch-würzigem Honig serviert, ist dieses Brot der Himmel auf Erden! Wer mag, streut auch noch ein paar essbare Blütenpollen darauf. Hmmm…

• • •

FÜR 1 BROT (CA. 20 SCHEIBEN)
ZUBEREITUNG: 35 MIN.
RUHEN: 1 STD. 30 MIN.
BACKEN: 40 MIN.
PRO SCHEIBE: CA. 175 KCAL

75 ml Ahornsirup
2 EL Sonnenblumenöl
450 g Mehl
2 ¼ TL Trockenhefe
100 g zarte Haferflocken
2 TL Zimtpulver
Meersalz
100 g Walnusskerne
100 g getrocknete Cranberrys

1 Kastenform (ca. 25 × 11 cm)
Mehl zum Arbeiten

TREND REZEPT

1 In einem kleinen Topf 225 ml Wasser mit dem Ahornsirup und 1 EL Sonnenblumenöl lauwarm erhitzen. In einer großen Rührschüssel 150 g Mehl mit Trockenhefe, Haferflocken, Zimt und 1 TL Meersalz vermischen. Zum Schluss noch die Wassermischung dazugießen und dann alles mit dem Knethaken der Küchenmaschine (oder des Handrührgeräts) mindestens 4–5 Min. kräftig verkneten.

2 Nun nach und nach das übrige Mehl (300 g) dazugeben und den Teig weitere 5–8 Min. kneten, bis er schön glatt und weich ist. Dabei eventuell noch 1–2 EL Wasser hinzufügen.

3 Die Walnusskerne und die Cranberrys grob hacken und mit den Händen unter den Teig kneten. Eine große Schüssel mit dem restlichen Öl (1 EL) einpinseln und den Teig hineingeben. Abgedeckt an einem warmen Ort ca. 1 Std. gehen lassen. Die Kastenform mit Backpapier auskleiden.

4 Anschließend den Teig auf einer leicht bemehlten Arbeitsfläche noch einmal durchkneten, in die Kastenform geben und zugedeckt weitere 30 Min. gehen lassen.

5 Den Backofen auf 190° vorheizen. Den Teig mit ein wenig Wasser einpinseln, die Form in den Ofen (Mitte) schieben und das Brot 30–40 Min. backen, bis es außen leicht gebräunt und innen ganz durch ist (Stäbchenprobe!).

FRENCH BREAD

Dieses knusprige Baguette kann man ganz einfach selber machen und dann als Sandwich belegen oder als Begleiter zur Suppe oder einem Salat reichen.

• • •

FÜR 2 BAGUETTES
(À CA. 15 SCHEIBEN)
ZUBEREITUNG: 25 MIN.
RUHEN: 1 STD. 30 MIN.
BACKEN: 25 MIN.
PRO SCHEIBE: CA. 50 KCAL

2 TL Trockenhefe
1 EL Zucker
400 g Mehl
Meersalz

Mehl zum Arbeiten

1 In einer großen Rührschüssel die Trockenhefe mit Zucker und 300 ml lauwarmem Wasser verrühren. Den Ansatz 5 Min. stehen lassen, bis sich an der Oberfläche Bläschen bilden.

2 Das Mehl mit 1 ½ TL Meersalz vermischen und zum Hefeansatz geben. Alles mit dem Knethaken der Küchenmaschine (oder des Handrührgeräts) zu einem glatten Teig verkneten. Den Teig rundherum mit Mehl bestäuben und abgedeckt an einem warmen Ort 1 Std. gehen lassen.

3 Dann ein Backblech mit Backpapier auslegen. Den Teig auf einer bemehlten Arbeitsfläche halbieren und die Hälften zu langen Broten (ca. 5 cm Ø) rollen. Zum Schluss von den Enden her in die entgegengesetzte Richtung drehen. Auf das Blech legen, mit Mehl bestäuben, abgedeckt 30 Min. gehen lassen.

4 Den Backofen auf 220° vorheizen, dabei eine ofenfeste Schüssel mit Wasser auf den Ofenboden stellen. Die Baguettes im Ofen (2. Schiene von oben) 20–25 Min. backen, bis sie schön knusprig und goldbraun sind.

IRISH SODA BREAD

Ein einfaches Brot, das herrlich würzig ist und zudem ohne Ruhezeiten auskommt – dank Natron und Backpulver im Teig.

• • •

FÜR 1 BROT (CA. 20 SCHEIBEN)
ZUBEREITUNG: 40 MIN.
BACKEN: 30 MIN.
PRO SCHEIBE: CA. 100 KCAL

200 g würziger Cheddar
225 g Buttermilch
1 Ei (M)
300 g Mehl
½ TL Natron
1 gestr. TL Backpulver
Meersalz
1 Msp. Cayennepfeffer

Mehl zum Arbeiten

1 Den Backofen auf 220° vorheizen, ein Backblech mit Backpapier auslegen. Den Cheddar möglichst fein reiben. Die Buttermilch mit dem Ei verquirlen.

2 In einer großen Rührschüssel das Mehl mit Natron, Backpulver, ½ TL Meersalz und Cayennepfeffer vermischen. Die Buttermilchmischung dazugießen und alles mit dem Knethaken der Küchenmaschine (oder des Handrührgeräts) zu einem glatten Teig verarbeiten. Käse dazugeben und unterkneten.

3 Dann den Teig auf einer leicht bemehlten Arbeitsfläche mit den Händen durchkneten, bis er nicht mehr klebrig ist. Dabei, falls nötig, noch etwas Mehl hinzufügen. Den Teig zu einer Kugel formen und auf das Blech setzen.

4 Die Oberfläche der Teigkugeln mit einem scharfen Messer kreuzweise einritzen, mit etwas Wasser einpinseln und leicht mit Mehl bestäuben. Im Ofen (Mitte) 25–30 Min. backen, bis das Brot schön knusprig ist. Am besten lauwarm mit etwas Kräuterbutter essen.

BAGEL

Einst von jüdischen Einwanderern nach Amerika gebracht, sind sie seit den 1970er Jahren das wohl beliebteste Gebäck des Landes und damit ein echter Dauerbrenner in immer wieder neuen Variationen. Für ihr typisches Aussehen werden Hefeteigstücke zu dicken Ringen geformt, die vor dem Backen im Ofen erst noch in ein heißes Wasserbad müssen.

• • •

FÜR 8 STÜCK
ZUBEREITUNG: 40 MIN.
RUHEN: 1 STD. 30 MIN.
BACKEN: 20 MIN.
PRO STÜCK: CA. 280 KCAL

500 g Mehl
1 Pck. Trockenhefe
1 ½ EL Zucker
Meersalz
2 EL Sonnenblumenöl

1 Ei (M)
4 EL Sesam, Mohn, Sonnenblumen- und/oder Kürbiskerne zum Bestreuen (nach Belieben)

Mehl zum Arbeiten
1 EL flüssiger Honig

1 In einer großen Rührschüssel das Mehl mit Trockenhefe, Zucker und 1 TL Meersalz vermischen. Das Sonnenblumenöl und 300 ml lauwarmes Wasser hinzufügen und alles mit dem Knethaken der Küchenmaschine (oder des Handrührgeräts) ca. 10 Min. kneten, bis ein glatter, elastischer Teig entstanden ist. Den Teig zu einer Kugel formen, mit Mehl bestäuben und abgedeckt an einem warmen Ort 1 Std. gehen lassen.

2 Dann ein Backblech mit Backpapier auslegen. Den Teig auf einer bemehlten Arbeitsfläche mit den Händen durchkneten, in 8 Portionen teilen und zu Kugeln formen. Mit dem Stiel eines Kochlöffels jede Teigkugel in der Mitte durchbohren und durch kreisende Bewegungen des Löffelstiels Löcher (3–4 cm Ø) so formen, dass dicke Teigringe entstehen. Die Ringe auf das Backblech legen und abgedeckt 30 Min. gehen lassen.

3 Den Backofen auf 200° vorheizen. Einen großen Topf zur Hälfte mit Wasser füllen und den Honig dazugeben, aufkochen. Die Hitze reduzieren, sodass das Wasser nur noch ganz leicht simmert. Nun die Bagel nacheinander mit einem Schaumlöffel ins Wasser geben und ca. 30 Sek. darin ziehen lassen. Herausnehmen, abtropfen lassen und zurück aufs Backblech legen.

4 Das Ei verquirlen und die Bagel damit bestreichen. Nach Belieben mit Sesam, Mohn, Sonnenblumen- oder Kürbiskernen bestreuen. Die Bagel im Ofen (2. Schiene von oben) ca. 20 Min. backen, bis sie schön knusprig und goldbraun sind.

MEERRETTICH-LACHS-BAGEL

Ein echter Klassiker und Dauerbrenner: Bagel mit Frischkäse und Lachs. Mit Meerrettich, Kapern, Zwiebeln und Rucola bekommt er neuen Pep!

• • •

FÜR 4 PERSONEN
ZUBEREITUNG: 10 MIN.
PRO PORTION: CA. 370 KCAL

4 Bagel (siehe S. 48)
1 kleine rote Zwiebel
50 g Rucola
4 EL Frischkäse
2 EL Meerrettich (aus dem Glas)
150 g Räucherlachs (in Scheiben)
1 EL Kapern
Pfeffer

1 Die Bagel horizontal halbieren und die Hälften nach Wunsch im Toaster leicht anrösten.

2 Inzwischen Zwiebel schälen und in dünne Ringe schneiden. Den Rucola abbrausen und trocken schleudern, dicke Stiele abschneiden. Den Frischkäse mit dem Meerrettich verrühren.

3 Die Käsecreme auf den unteren Bagelhälften verstreichen. Mit den Lachsscheiben, den Zwiebelringen, den Kapern und dem Rucola belegen. Mit Pfeffer würzen und die oberen Bagelhälften darauflegen.

ZIEGENKÄSE-HONIG-BAGUETTE

Ob zum Frühstück, für das Picknick oder als Snack zwischendurch – mit diesem Gourmet-Sandwich liegt man immer richtig. Unbedingt probieren!

FÜR 4 PERSONEN
ZUBEREITUNG: 10 MIN.
PRO PORTION: CA. 345 KCAL

1 Baguette (siehe S. 46)
200 g Ziegenfrischkäse
2 TL Trüffelöl
4 TL flüssiger Honig
1 Beet lila Radieschensprossen (ersatzweise andere Sprossen)

1 Das Baguette leicht schräg in 4 gleich große Stücke schneiden. Jedes Baguettestück horizontal auf-, aber nicht ganz durchschneiden, und dann aufklappen.

2 Den Ziegenfrischkäse mit dem Trüffelöl verrühren und die unteren Baguettehälften damit bestreichen. Den Honig in dünnen Linien über den Käse laufen lassen.

3 Die Radieschensprossen mit der Küchenschere vom Beet schneiden und auf dem Käse verteilen. Die Baguettestücke zusammenklappen und servieren. (Wer die Sandwiches zum Picknick oder ins Büro mitnehmen mag, wickelt sie in Butterbrotpapier ein und transportiert sie in einer Kühlbox.)

PARK SLOPE

PICNIC

Das **familienfreundlichste** *und* **begehrteste Viertel Brooklyns** *lockt mit dem zweitgrößten Park New Yorks, dem Prospect Park. Vor allem im Sommer spielt sich hier das wahre Leben ab, und Jung und Alt machen die* **riesige Grünfläche** *zu ihrem zweiten Zuhause. Dabei gehören Barbecue und Picknick mit zu den schönsten Hobbies der »Sloper«.*

PARK SLOPE – DAS BELIEBTESTE WOHNVIERTEL

Tolle Klinkerbauten, gute Schulen, zahlreiche Cafés und Restaurants, die Wert auf »Fair trade« und »Organic produce« legen, machen das Stadtbild von Park Slope aus. Zyniker behaupten zudem, dass es dort mehr Kinderwagen als Autos gibt, womit sie nicht ganz falsch liegen. Es ist das Familienviertel schlechthin.

Park Slope gehört zu einem der entspanntesten Viertel von New York City. Im westlichen Teil von Brooklyn gelegen bekommt man hier von dem hektischen Großstadttreiben nur sehr wenig mit. Obwohl nur gute 15 Minuten von der Wall Street und dem Financial District entfernt, scheinen die Uhren in Park Slope irgendwie langsamer zu ticken. »Easy going« sind wohl die Worte, mit denen man diesen Stadtteil am treffendsten beschreibt.

LEBEN UND LEBEN LASSEN

Die in Park Slope lebenden New Yorker gelten als äußerst tolerant, mit einem großen sozialen Bewusstsein für sich, für andere und für die Umwelt. Egal, ob gleichgeschlechtliche Ehepartner, Rentner, Singles oder Familien mit Kindern – Park Slope bietet für jeden das richtige Zuhause. Weit gefehlt, wer daraus schlussfolgert, dass der Wohnraum in diesem Teil Brooklyns bezahlbar ist. Ein typisches Einfamilienhaus kostet gut und gerne zwischen zwei und sechs Millionen Dollar, sodass sich vor allem die Alteingesessenen glücklich schätzen dürfen, die ihr Häuschen bereits vor langer Zeit erworben haben.

MEHR »SUBURBAN« GEHT NICHT

Dank seiner zahlreichen Grünanlagen ist Park Slope die perfekte Gegend, um Kinder groß zu ziehen. Bei jedem kleinsten Sonnenstrahl, strömen sie aus, die Sloper, um sich zum Barbecue, zum Picknick oder einfach nur zu einem fröhlichen Get-together im Park zu treffen. »Wir haben zwar kein Meer, keinen Strand und auch keine Berge, dafür aber einen der schönsten und idyllischsten Parks in New York City!« Solche und ähnliche Sätze hört man immer wieder, und man kann ihn förmlich spüren, den Stolz darauf, in diesem Viertel wohnen zu dürfen. Nicht umsonst wurde Park Slope 2010 vom New York Magazine zur beliebtesten Wohngegend New Yorks gewählt.

PICKNICK IM PARK

Der mit Abstand größte Park ist der Prospect Park. Vergleichbar mit dem Central Park in Manhattan beinhaltet er einen Zoo sowie den einzigen See in ganz Brooklyn. Im Vergleich zum Central Park ist hier vor allem in den Sommermonaten jedoch deutlich weniger los. Es gibt große Rasenflächen, die zum Verweilen einladen, alten Baumbestand und jede

Nicht nur die Anwohner, sondern auch die Vögel genießen die Sonnenstrahlen in Park Slope.

Menge einladende Grillgelegenheiten, sodass sich bei schönem Wetter und an den Wochenenden halb Park Slope in diesem Park trifft.

> *Im Prospect Park laden eine sanfte Hügellandschaft mit sattgrünen Wiesen und Wäldern mit altem Baumbestand zum Verweilen ein. Und ab und zu gibt es dort auch kostenlose Konzerte.*

Wir bummeln gemächlich über die 5th Avenue, wo sich gemütliche Cafés, nette Restaurants, Bars und kleine Geschäfte dicht an dicht aneinanderreihen. Secondhand- & Vintage-Läden sowie Boutiquen lokaler Designer – hier macht Shoppen noch Spaß!

Auch ein ausgiebiger Spaziergang über den Green-Wood Cemetry, auf dem höchsten Punkt Brooklyns gelegen, lohnt sich. Auf diesem wunderschönen, uralten Parkfriedhof liegen zwischen Hügeln und kleinen Weihern viele Berühmtheiten begraben, wie etwa Leonard Bernstein, Horace Greeley und Lola Montez. Ebenso kann man hier die Gräber von bedeutenden Künstlern, Erfindern, Bürgerkriegsgenerälen und Baseball-Legenden finden.

Weitere Highlights in Park Slope sind das Brooklyn Museum (das zweitgrößte Museum in NYC), der Brooklyn Botanic Garden, die Brooklyn Public Library sowie die vielen, oft kostenlosen kulturellen Veranstaltungen und Festivals im Prospect Park. Und auch, wenn wir Park Slope an einem verschneiten Tag im März besucht haben, kamen wir um das Thema »Picnic« nicht herum, daher ist genau das unser Foodie-Highlight in diesem angesagten Viertel.

Oben: Mit den ersten Frühjahrssonnenstrahlen erwacht der Park zu neuem Leben. | Rechts: Enten füttern und eine kleine Auszeit nehmen für Groß und Klein.

Oben: Saftige Energy Balls sind der perfekte Snack für ein Picknick. | Rechts: Wer es gerne gemütlich haben möchte, zieht die Fahrrad-Rikscha einem Spaziergang vor.

lakeside

Im kleinen Café »Gather« findet man eine bunte Auswahl an Picknickköstlichkeiten. Dick belegte Sandwiches und gut gefüllte Wraps, Tartes und Quiches, leckere Salate aller Art und natürlich den Coffee to go.

PICNIC

Der Prospect Park in Park Slope ist die Nummer-1-Location für ein gemütliches Picknick in Brooklyn. Ob Jung oder Alt, Klein oder Groß – bei schönem Wetter trifft man sich in diesem Park. Dabei sollte man an den Wochenenden unbedingt sehr früh dran sein, denn die riesige Grünfläche ist in Nullkommanix bevölkert. Beladen und bepackt mit Picknickdecken, Klappstühlen und riesigen Kühlboxen ziehen sie los, die »Sloper«, um den Tag im Grünen zu verbringen.

Picknick, das bedeutet nichts anderes, als eine Mahlzeit im Freien einzunehmen – gemeinsam mit anderen und häufig in Kombination mit einem Ausflug, der meist zuvor geplant wurde. Schon in der Antike traf man sich draußen zu einem Essen, auch wenn es damals noch kein eigenes Wort für ein solches Event gab. Richtig beliebt wurde das Picknick dann durch Königin Victoria von England. Sie schätzte und genoss es, unter freiem Himmel zu speisen, weshalb ein Picknick in manchen Kreisen vor allem in Großbritannien mit einem gesellschaftlichen Ereignis gleichgesetzt werden kann.

Auch in Park Slope kann ein Picknick schon mal zu einem richtigen Erlebnis werden. So trifft man sich zum Beispiel an einem Samstag mit Freunden oder der Familie zunächst auf dem Greenmarket, einem Bauernmarkt an der Grand Army Plaza, um gleich anschließend mit Brot, Obst, Gemüse und einer Ladung Grillgut in den Park weiterzuziehen. Im Prospect Park gibt es zahlreiche öffentliche Grillstellen, wo an einem sonnigen Tag der Duft von gebratenen Steaks und Würstchen durch die Luft zieht. Man kann es sich aber mit seinem Essen auch an jedem anderen Platz im Park gemütlich machen.

Bei unserem Streifzug durch das Viertel rund um den Park stellen wir schnell fest, dass sich auch die Cafés mittlerweile voll und ganz auf die »Picknicker« eingestellt haben. Egal ob Salate, Sandwiches oder warme Speisen – auf Wunsch wird alles in Behälter und »to go« verpackt. Wer also keine Lust hat, vor dem Ausflug stundenlang in der Küche zu stehen, um ein leckeres Picknick-Essen vorzubereiten, der findet auf dem Weg zum Park zahlreiche Gelegenheiten, sich mit köstlichen Leckereien einzudecken. Das meiste davon Bio und Organic, schließlich is(s)t man draußen in der Natur und will sich mit dieser verbunden fühlen.

Wir besuchen Park Slope und den Prospect Park an einem Tag im März, an dem es mehr oder weniger von morgens bis abends schneit. Nein, beim Picknick im Grünen treffen wir heute niemanden an, dafür aber in einem Café eine Mutter mit ihren zwei Kindern, die sich das Essen zum Mitnehmen einpacken lässt, nur um es sich dann inhouse an einem der Tische gemütlich zu machen. »Ich hatte meinen Kindern heute ein Picknick versprochen. Konnte ja keiner wissen, dass uns das Wetter in die Quere kommt. Jetzt machen wir einfach ein Indoorpicknick«, erklärt sie und lässt es sich schmecken. Auch das ist Park Slope.

QUINOA-SALAT MIT MANGO

• • •

FÜR 4 PERSONEN
ZUBEREITUNG: 25 MIN.
PRO PORTION: CA. 275 KCAL

TREND REZEPT

200 g rote Quinoa
Meersalz
200 g grüner Spargel
100 g TK-Erbsen
3 EL Pinienkerne
1 kleine rote Zwiebel
1 vollreife Mango
1 Bund glatte Petersilie

1 TL Dijon-Senf
2 TL Honig
4 EL Zitronensaft
6 EL Olivenöl
Meersalz, Pfeffer

1 Quinoa in ein Sieb geben, abbrausen und abtropfen lassen. Mit 400 ml Wasser in einen Topf geben, salzen und aufkochen. Die Quinoa in ca. 10 Min. gar köcheln lassen, dabei zwischendurch umrühren, dann abgießen und in eine Schüssel geben.

2 Inzwischen den Spargel waschen und die holzigen Enden abschneiden. Die Stangen in ca. 2 cm lange Stücke schneiden. Einen Topf mit Salzwasser zum Kochen bringen. Darin den Spargel und die tiefgekühlten Erbsen 3–4 Min. blanchieren, dann in ein Sieb abgießen und eiskalt abschrecken.

3 Zwischendurch die Pinienkerne in einer kleinen Pfanne goldbraun rösten. Die Zwiebel schälen und sehr fein würfeln. Die Mango schälen, das Fruchtfleisch vom Kern schneiden und ca. 1 cm groß würfeln. Die Petersilie abbrausen und trocken schütteln, die Blättchen abzupfen und fein hacken. Alles mit dem Spargel und den Erbsen zur Quinoa geben.

4 Senf, Honig, Zitronensaft, 1 EL Wasser und Olivenöl zu einem sämigen Dressing verrühren. Mit Meersalz und Pfeffer abschmecken und in die Schüssel geben. Alle Salatzutaten vorsichtig miteinander vermengen.

ORZO-NUDELSALAT MIT KRÄUTERN

• • •

FÜR 4 PERSONEN
ZUBEREITUNG: 25 MIN.
PRO PORTION: CA. 460 KCAL

200 g reisförmige Nudeln (z. B. Orzo oder Kritharaki), Meersalz
1 Zucchino, 1 EL Olivenöl
Pfeffer, ¼ TL Chiliflocken
125 g Kirschtomaten
100 g Schafskäse (Feta)
½ Bund glatte Petersilie
3 Stängel Minze
½ Bund Dill

1 Knoblauchzehe
1 TL Dijon-Senf
1 TL Agavendicksaft
3 EL Aceto balsamico bianco
6 EL Olivenöl
¼ TL gemahlener Kreuzkümmel
Meersalz, Pfeffer

1 Die Nudeln nach Packungsanweisung in Salzwasser in ca. 8 Min. bissfest garen. Dann in einem Sieb abschrecken, abtropfen lassen und in eine große Schüssel geben.

2 Inzwischen den Zucchino waschen, putzen und fein würfeln. In einer kleinen Pfanne das Olivenöl (1 EL) erhitzen. Darin die Zucchinowürfel anbraten. Mit Meersalz, Pfeffer und Chiliflocken würzen, vom Herd nehmen und abkühlen lassen.

3 Die Tomaten waschen und halbieren. Den Schafskäse in kleine Würfel schneiden. Die Kräuter abbrausen und trocken schütteln, die Blätter abzupfen und fein hacken.

4 Den Knoblauch schälen und grob hacken. Mit Senf, Agavendicksaft, Balsamessig, 1 EL Wasser, Olivenöl (6 EL) und Kreuzkümmel in einen hohen Rührbecher geben. Alles mit dem Pürierstab zu einem sämigen Dressing aufschlagen. Mit Meersalz und Pfeffer würzen.

5 Den Zucchino, die Tomaten, den Feta, die Kräuter und das Dressing zu den Nudeln in die Schüssel geben. Den Salat vorsichtig vermengen.

ROTE UND GELBE BETEN MIT PISTAZIEN

Grüne Pistazienkerne, Rote und Gelbe Beten – in diese Kombination habe ich mich im Restaurant »Palma« mehr als verliebt ... und ich kann nur empfehlen, sie in Form unseres Carpaccio unbedingt mal auszuprobieren!

• • •

FÜR 4 PERSONEN
ZUBEREITUNG: 15 MIN.
GAREN: 25 MIN.
PRO PORTION: CA. 385 KCAL

3 Rote Beten
3 Gelbe Beten
3 EL Olivenöl
grobes Meersalz
125 g Baby-Blattspinat
50 g gesalzene Pistazienkerne
1 Orange
150 g Ziegenfrischkäse

1 TL Dijon-Senf
1 TL flüssiger Honig
2 EL Aceto balsamico
4 EL Olivenöl
Meersalz, Pfeffer

1 Den Backofen auf 200° vorheizen. Die Roten und Gelben Beten schälen, in ca. 1 cm dicke Scheiben schneiden und in einer großen flachen Auflaufform verteilen (dabei eventuell Einmalhandschuhe tragen). Das Olivenöl (3 EL) darüberträufeln und die Beten mit ½ TL grobem Meersalz bestreuen. Im Ofen (2. Schiene von oben) 20–25 Min. garen, bis die Betescheiben weich sind, dabei ab und zu wenden. Die Form aus dem Ofen nehmen und die Beten abkühlen lassen.

2 Inzwischen den Blattspinat verlesen, waschen und trocken schleudern. Die Pistazienkerne grob hacken. Die Orange so schälen, dass auch die weiße Haut entfernt wird. Dann die Fruchtfilets zwischen den Trennhäuten herausschneiden und in mundgerechte Stücke schneiden.

3 Die Roten und Gelben Betescheiben dachziegelartig auf einer großen Platte anrichten. Den Spinat und die Orangenfilets darauf verteilen, den Ziegenkäse darüberbröckeln und alles mit den gehackten Pistazien bestreuen. (Fürs Picknick alles wie beschrieben statt auf eine Platte in eine Transportbox schichten, gut verschließen.).

4 Senf, Honig, Balsamessig, 2 EL Wasser und Olivenöl (4 EL) zu einem sämigen Dressing verrühren. Mit Meersalz und Pfeffer abschmecken. Das Dressing gleichmäßig über das Carpaccio träufeln. (Fürs Picknick das Dressing in ein kleines Schraubglas füllen und erst kurz vor dem Servieren über den Zutaten in der Transportbox verteilen.)

DINKEL-APFEL-SELLERIE-SALAT

Dieser Salat lässt sich für einen Transport, etwa ins Büro oder zum Picknick, wunderbar in Sturzgläser mit möglichst weiter Öffnung schichten. Dabei kommen schwere Zutaten wie der Dinkel ganz nach unten, leichter Rucola obenauf. So ist beim Verspeisen alles noch schön knackig-frisch.

• • •

FÜR 6 PERSONEN
ZUBEREITUNG: 30 MIN.
PRO PORTION: CA. 345 KCAL

200 g schnellkochender Dinkel
Meersalz
2 kleine rotschalige Äpfel
4 Stangen Staudensellerie
100 g Rucola
150 g Blauschimmelkäse (z. B. Roquefort)

1 TL Dijon-Senf
2 TL flüssiger Honig
2 EL Apfelessig
6 EL Olivenöl
Meersalz, Pfeffer
1 kleine Schalotte

6 große Gläser mit Schraub- oder Bügeldeckel (à ca. 200 ml)

1 Den Dinkel mit 400 ml Wasser in einen Topf geben, salzen und aufkochen. Den Dinkel in 15–20 Min. gar kochen, dann in ein Sieb abgießen, abtropfen und auskühlen lassen.

2 Inzwischen die Äpfel waschen, vierteln, entkernen und in kleine Würfel schneiden. Den Sellerie waschen, putzen und in dünne Scheiben schneiden. Den Rucola waschen und trocken schleudern, grobe Stiele entfernen. Den Blauschimmelkäse in nicht zu kleine Stücke zerbröckeln.

3 Senf, Honig, Apfelessig, 2 EL Wasser und das Olivenöl zu einem sämigen Dressing verrühren. Mit Meersalz und Pfeffer abschmecken. Die Schalotte schälen, sehr fein würfeln und unter das Dressing rühren.

4 Nun zunächst den Dinkel auf die Gläser verteilen, dann den Sellerie und die Äpfel daraufschichten. Jeweils etwas Dressing und Käse darübergeben, mit dem Rucola abschließen. Die Gläser mit dem Deckel verschließen und kalt stellen, dann für den Transport in eine Kühlbox geben. Zum Servieren direkt im Glas vermischen oder vorher in eine kleine Schüssel geben.

WÜRZIGE HÄHNCHEN-WRAPS

Einfach perfekt zum Sofortessen oder auch mal zum Mitnehmen (schmecken auch kalt ganz ausgezeichnet)! Für Letzteres die aufgerollten Wraps am besten mit Frischhaltefolie umwickeln, damit alles an Ort und Stelle bleibt, und in der Kühlbox transportieren.

• • •

FÜR 4 PERSONEN
ZUBEREITUNG: 40 MIN.
MARINIEREN: 30 MIN.
PRO PORTION: CA. 480 KCAL

300 g Hähnchenbrustfilet
75 ml Barbecue-Sauce
1 EL Olivenöl

1 Baby-Ananas
½ rote Zwiebel
½ rote Chilischote
½ Bund Koriandergrün
1 TL Limettensaft
Meersalz, Pfeffer
½ TL brauner Zucker

125 g Mayonnaise
1 TL Harissa (scharfe Würzpaste)

4 Wrap-Tortillas (weiche Weizenfladen zum Füllen, 22–25 cm Ø)

1 Das Hähnchenbrustfilet kalt abbrausen, trocken tupfen und in ca. 2 cm große Würfel schneiden. In einer kleinen Schüssel mit der Barbecue-Sauce vermengen und abgedeckt 30 Min. im Kühlschrank marinieren lassen.

2 Dann in einer beschichteten Pfanne das Olivenöl erhitzen. Darin die Hähnchenfiletwürfel rundherum in 5–7 Min. goldbraun braten, zur Seite stellen und abkühlen lassen.

3 Inzwischen Ananas schälen und in winzige Würfel schneiden. Die Zwiebel schälen und sehr fein würfeln. Von der Chilischote die Kerne entfernen, die Hälfte waschen und fein hacken. Den Koriander abbrausen und trocken schütteln, die Blättchen abzupfen und fein hacken. Alles in einer Schüssel vermischen. Die Salsa mit Limettensaft, Meersalz, Pfeffer und Zucker würzen. Die Mayonnaise mit Harissa verrühren.

4 Den Backofen auf 200° vorheizen. Die Tortillas aufeinanderstapeln, in Alufolie einschlagen und im Ofen (Mitte) ca. 5 Min. erwärmen. Oder den Tortillastapel auf einen Teller legen und in der Mikrowelle bei 750 Watt in 1 Min. heiß werden lassen. Wer mag, kann die Fladen auch nacheinander in einer großen Pfanne erwärmen, dabei einmal wenden, und anschließend in Alufolie gewickelt warm halten.

5 Auf den Tortillas Ananassalsa, Hähnchenbrust und die Harissa-Mayonnaise verteilen, Tortillas aufrollen und dabei die Seiten einklappen. Zum Servieren jeden Wrap quer halbieren.

BUTTERSCOTCH CREAM

Dieser Nachtisch ist eine Sünde wert. Einmal probiert, möchte man nie wieder einen anderen! In kleine Gläser gefüllt, ist die Creme nicht nur hübsch anzusehen, sondern auch ein wunderbares Mitbringsel.

FÜR 8 PERSONEN
ZUBEREITUNG: 25 MIN.
BACKEN: 40 MIN.
PRO PORTION: CA. 315 KCAL

350 g Sahne
125 ml Milch
50 g brauner Zucker
Meersalz
170 g weißer Zucker
5 Eigelb (M)
1 TL Vanilleextrakt

8 ofenfeste kleine Gläser mit Schraub- oder Bügeldeckel (à ca. 150 ml)

100 g Sahne zum Garnieren

FÜR UNTERWEGS
DIE SAHNE IN EINE SPRÜHFLASCHE FÜLLEN UND WIE AUCH DIE GLÄSCHEN IN EINER KÜHLBOX TRANSPORTIEREN. DANN VORM SERVIEREN DIE SAHNE AUF DIE BUTTERSCOTCH CREAM SPRÜHEN UND LOSLÖFFELN.

• • •

1 Die Sahne mit Milch, braunem Zucker und 1 Prise Meersalz in einem Topf erhitzen, aber nicht zum Kochen bringen. Dabei den Zucker unter Rühren auflösen. Den Topf vom Herd nehmen und die Sahnemischung abkühlen lassen.

2 Den weißen Zucker mit 60 ml Wasser in eine große Pfanne geben und erhitzen, bis sich der Zucker aufgelöst hat. Den Sirup bei großer Hitze 3–5 Min. kochen, bis er sich karamellbraun verfärbt, dabei die Pfanne immer wieder mal hin- und herschwenken. Den Backofen auf 170° vorheizen.

3 Nun die Sahnemischung zum Karamell in die Pfanne geben und alles glatt verrühren. Die Eigelbe mit dem Vanilleextrakt in einer großen Schüssel ebenfalls glatt verrühren. Dann langsam und unter weiterem Rühren das Sahnekaramell dazugießen. Eier-Karamell-Sahne durch ein feines Sieb in die Gläser füllen.

4 Die Gläser in eine flache Auflaufform stellen und so viel Wasser in die Form füllen, dass die Gläser zu zwei Dritteln darin stehen. Die Form in den Ofen (Mitte) schieben und die Eier-Karamell-Sahne 35–40 Min. backen, bis sie fest ist.

5 Die Gläser aus dem Ofen und dem Wasserbad nehmen und die Creme abkühlen lassen. Bis zum Verzehr im Kühlschrank aufbewahren. Zum Servieren die Sahne steif schlagen und die Creme mit je 1 Klecks Schlagsahne garnieren.

TREND REZEPT

BEEREN-TRIFLE MIT SHERRY

Kein Sommer ohne dieses Trifle! Mit sattem Beerenaroma und cremigem Schmelz zergeht es auf der Zunge und lässt auch sonst keine Wünsche offen.

• • •

FÜR 6 PERSONEN
ZUBEREITUNG: 15 MIN.
RUHEN: 1 STD.
PRO PORTION: CA. 540 KCAL

1 kleiner Sandkuchen (Fertigprodukt oder selbst gebacken, ca. 350 g)
125 ml trockener Sherry
250 g gemischte Beeren (z.B. Erdbeeren, Heidelbeeren und Johannisbeeren; ersatzweise aufgetaute TK-Beeren)
200 g Mascarpone
60 g Puderzucker
2 TL Limettensaft
100 g Sahne

ein paar Minzeblättchen zum Garnieren

1 Den Sandkuchen in kleine Würfel schneiden. Die Hälfte davon auf Gläser, Becher oder Tassen (à 250–300 ml) verteilen und mit der Hälfte des Sherrys beträufeln.

2 Die Beeren verlesen, waschen, putzen und falls nötig von den Rispen streifen. Große Beeren halbieren oder vierteln. Den Mascarpone mit Puderzucker und Limettensaft glatt verrühren. Die Sahne steif schlagen und unterheben.

3 Die Hälfte der Mascarponecreme auf den Kuchenwürfeln verteilen und die Hälfte der Beeren daraufgeben. Es folgen die zweite Hälfte Kuchen, der restliche Sherry, die übrige Creme und zum Schluss die restlichen Beeren. Das Trifle mindestens 1 Std. in den Kühlschrank stellen und durchziehen lassen.

4 Das Trifle ca. 10 Min. vor dem Verzehr aus dem Kühlschrank nehmen, damit die Creme wieder etwas weicher wird. Dann mit den Minzeblättchen garnieren und servieren.

ZITRONEN-DATTEL-ENERGY-BALLS

Der kleine Hunger kann getrost kommen. Diese Bällchen geben ihm im Handumdrehen, was er braucht: eine geballte Ladung Power.

• • •

FÜR CA. 20 STÜCK
ZUBEREITUNG: 10 MIN.
PRO STÜCK: CA. 100 KCAL

175 g getrocknete Datteln (ohne Kern)
150 g Cashewkerne
45 g Kokosraspel
2 EL Zitronensaft
¼ TL Meersalz
½ TL Vanilleextrakt

3 EL Kokosraspel zum Wälzen

1 Datteln in grobe Stücke schneiden und mit Cashewkernen und Kokosraspeln in einen Standmixer geben. Den Zitronensaft, ¼ TL Meersalz und den Vanilleextrakt dazugeben. Alles zu einer formbaren Masse pürieren.

2 Die Hände ein wenig anfeuchten und aus der Dattel-Cashew-Masse kleine Kugeln formen. Die Kokosraspel zum Wälzen in eine flache Schale geben und die Bällchen darin rundherum wenden.

3 Die Energie-Balls in einen luftdicht verschließbaren Behälter setzen (dabei nach Belieben zwischen jede Lage einen Bogen Butterbrot-, Pergament- oder Backpapier legen) und trocken und kühl aufbewahren. Haltbarkeit: ca. 1 Woche (aber meistens sind sie viel schneller aufgegessen).

GREENWICH VILLAGE

COFFEE

Intellektuelle, Bohemiens, Studenten *und* **Alteingesessene** *tummeln sich rund um den Washington Square Park, das Herzstück dieses Viertels. Nobelrestaurants, dunkle Kellerkneipen, alternative Indie-Läden und jede Menge* **Cafés mit Kaffee-Kult** *liegen hier direkt nebeneinander und bilden den Charakter von Greenwich Village.*

DRINKS MENU
COFFEE BREW 2 2.50 (ICED)
ESPRESSO 3
AMERICANO 3.25
DECAF 3.25
MACCHIATTO 3.75
CORTADO 3.75
CAPPUCCINO 4
LATTE 4 4.50
CHEMEX 4.50 7.50
MOCHA 4.50 5
HOT CHOCOLATE 3.25 3.5
CHAI 4 4.50
LOOSE LEAF TEA 2.5
COLD BREW 3.75
LATTE 5
CHAI 4.75
TEA
EXTRA DOUBLE SHOT
ALMOND
FLAVOR

GREENWICH VILLAGE – BOHEMIAN RHAPSODY

Studenten, Literaten und Bohemiens geben Greenwich Village ein intellektuelles Flair. Man legt Wert auf Etikette, trifft sich auf einen Kaffee oder Drink und philosophiert über die kleinen und großen Dinge des Lebens. Und auch dem ein oder anderen Promi kann man hier bei einem Spaziergang begegnen.

Der größte Fehler, den man als Nicht-New-Yorker wohl machen kann, ist der, dieses quirlige Viertel mitten in Manhattan »Grienwitsch« zu nennen. Die New Yorker lassen das zweite »e« links liegen, während das »w« dem Slang zum Opfer fällt. Und so wird aus »Grienwitsch« ganz einfach »Gränitsch«, was ja irgendwie auch viel lässiger klingt.

ALTER CHARME TRIFFT AUF GEBALLTE PROMINENZ

Lässig, genau dieses Wort beschreibt das Viertel, das im Westen an den Hudson River und im Osten ans East Village grenzt, am besten. Im Herzen von Greenwich Village liegt der Washington Square Park, Treffpunkt für Studenten der angrenzenden New York University, für etablierte Downtowner und in die Jahre gekommene Bohemiens. Hundesitter führen fein säuberlich gekämmte und frisierte Hunde aller Rassen aus, eine Horde Halbstarker versucht sich in Skateboard-Stunts und Wahrsager verkünden die Zukunft für die, die sie wissen wollen. Zwischendrin Kinder, die mit Straßenmalkreide Hüpfkästchen aufmalen, und auf den Parkbänken ältere Herren, die es sich mit der New York Times bequem gemacht haben. Ein fröhliches buntes Durcheinander in einer dynamischen Nachbarschaft, in der man dennoch den Charme des alten und nicht zuletzt auch intellektuellen New Yorks spürt.

Wundervolle alte Townhouses mit prächtigen, oft auch pompösen Treppenaufgängen und hübschen eisernen Geländern zieren die zum Teil kleinen und schmalen Straßen und zeugen vom Wohlstand der hier lebenden New Yorker. Und davon gibt es einige: Sarah Jessica Parker, Cameron Diaz, Julianne Moore, Julia Roberts und Tiger Woods, um nur ein paar davon zu nennen.

BEAT GENERATION UND CHRISTOPHER STREET DAY

Das Greenwich Village war einst Ursprung der sogenannten »Beat Generation«, ein Zusammenschluss junger und vielversprechender Literaten, die sich in der Zeit nach dem Zweiten Weltkrieg vor allem durch ihre unkonventionelle, spontane und chaotische Lebensart, gepaart mit einer großen

Easy like sunday morning – und das mit einem guten frisch gebrühten Kaffee.

kreativen Veranlagung einen Namen gemacht hatten. Dazu zählten unter anderem Jack Kerouac, Allen Ginsberg und William S. Burroughs.

> *Die New Yorker Gay Pride, eine der größten Paraden der Stadt, zieht jeden letzten Junisonntag über die 5th Avenue bis zur Greenwich Street.*

Gleich am Christopher Park / Christopher Street befand sich vor allem Ende der 1960er Jahre das Zentrum der Schwulen- und Lesbenbewegung. Auch heute noch wird in dieser Gegend mit dem jährlich stattfindenden Christopher Street Day für die Rechte aller Schwulen und Lesben demonstriert. Die Gay Street hingegen, nur einige Häuser vom Park entfernt, verdankt ihren Namen einem ehemaligen Landbesitzer (Kolonialzeitalter) und hat nichts mit irgendeiner Form von Sexualität zu tun.

Zudem findet man in Greenwich Village eines der lebendigsten Straßen- und Nachtleben der Stadt, für jeden ist etwas dabei. Dunkle Kellerkneipen liegen neben schicken Cafés und Restaurants, Independent Movie Theatres neben 24-Stunden-Falafel-Ständen. Im Sommer stehen die Bürgersteige voll mit Stühlen und Tischen der anliegenden Restaurants, und Anwohner nehmen ihr Abendessen auf den Stufen vor dem Haus zu sich – und das alles inmitten von Baum gesäumten Straßen mit dem Charakter einer Allee und einer ganz eigenen Architektur.

Unsere Highlights in Greenwich: Die Cafés »The Elk« und »Buvette«, wo sich bunt gemischte Charaktere regelmäßig auf den ein oder andere Kaffee treffen!

Oben: Im »Buvette« genießen wir nicht nur Kaffee, sondern auch diverse andere Leckereien. | Rechts: For a walk and a talk – Treffpunkt Washington Square Park.

Oben: Kaffee – weltweites Lebenselixier, auch in New York. | Rechts: Mitten in Greenwich Village liegt das »Buvette«, in dem der Kaffeekult ganz groß geschrieben wird.

Alles rund um das Thema Kaffee ist ein echter Dauerbrenner, und so ist es nicht verwunderlich, dass der wichtigste Slogan der New Yorker »But first coffee!« zu sein scheint.

COFFEE

Läuft man durch die Straßen von New York, so begegnet einem mindestens jeder Zweite mit einem Kaffeebecher in der Hand. Nun ist zwar der Kaffeekult an sich nicht neu, aber wenn es einen Dauerbrenner gibt, dann den rund um das Thema Kaffee. Ob »to go« oder als »free refill«, ob Caffè Latte, Flat White, Mocca, Single oder Double Shot – der New Yorker ohne Kaffee ist unvorstellbar. Und so ist es auch nicht verwunderlich, dass mittlerweile viele Cafés ihre eigene kleine Röstmaschine im Hinterzimmer stehen haben. »Small batch roasting« heißt dieser Trend: Die Café-Betreiber wollen zum einen wissen, woher ihre Kaffeebohnen kommen (»Fair trade«), zum anderen möchten sie keine riesigen Mengen fertig geröstete Bohnen kaufen, die dann nach kurzer Zeit abgestanden schmecken. Je nach Bedarf wird jetzt genau die Menge an Bohnen geröstet, die am Ende auch gebraucht wird. Der Kaffee schmeckt daher immer frisch!

Große Ketten wie Starbucks & Co. findet man zwar in New York auch noch, allerdings haben sie mit diesem Kaffee-Trend nichts zu tun.

Ein weiteres Highlight unserer Kaffee-Tour durch New York: der Cold brewed coffee. Eiskaffee war gestern, heute steht »kalt gebrauter Kaffee« ganz weit oben auf der Getränke-Hitliste. Für dessen Zubereitung sollten die Kaffeebohnen möglichst frisch geröstet sein und erst kurz vor dem »Brauen« nicht zu fein gemahlen werden. Das Kaffeepulver mischt man mit Wasser im Verhältnis 1:3 und lässt das Ganze 18–24 Stunden bei Zimmertemperatur ziehen, sodass sich das Kaffeearoma ganz sanft und langsam entfalten kann. Das Ergebnis ist ein herrlich samtig-weicher Kaffee, der trotz seiner starken Konzentration äußerst bekömmlich ist.

In einem hübschen gemütlichen Café in Greenwich Village, im »The Elk«, probieren wir alles an Kaffee durch, was die Karte nur hergibt: von Cold brewed coffee über klassischen Caffè Latte bis hin zum Matcha Cappuccino. Der kleine Laden ist immer gut besucht. Claire, die Inhaberin von »The Elk«, erzählt uns, wie sehr sie den Gedanken mag, dass eine gute Tasse Kaffee die Menschen irgendwie einander näher bringt. »Let's meet for a coffee« ist nicht nur in New York, sondern auch anderswo auf der Welt eine gängige Redewendung. Im Café »The Elk« gibt es sowohl das fröhliche »Get together« als auch Plätze für diejenigen, die ihren Laptop aufklappen und neben Kaffee und Sandwich möglichst ungestört arbeiten möchten. Wieder andere werfen einen Blick in die Tageszeitung, während ihr Kaffee von einem der coolen Jungs hinter dem Tresen zubereitet wird. Zu zweit oder dritt wirbeln die Baristas vor der Kaffeemaschine umher und versuchen sich gegenseitig mit Kunstwerken im Sinne von »Latte art« zu übertreffen.

Mein klarer Favorit: der Grande Caffè Latte und dazu ein Ginger Molasses Cookie (das Rezept dazu findet ihr gleich eine Seite weiter)! Also ich könnte ewig hier sitzen …

GINGER MOLASSES COOKIES

Melasse, ein fast schwarzer Zuckerrohrsirup, wird in der US-Küche recht häufig verwendet. Hier verleiht er den Keksen ihr leicht herbes Aroma.

FÜR CA. 20 STÜCK
ZUBEREITUNG: 20 MIN
KÜHLEN: 1 STD.
BACKEN: 12 MIN.
PRO STÜCK: CA. 160 KCAL

90 g weiche Butter
175 g Zucker
1 Ei (M)
125 g Melasse (Bioladen, ersatzweise Zuckerrübensirup)
1 Stück Ingwer (ca. 1 cm lang, ersatzweise 1 TL Ingwerpulver)
300 g Mehl
Meersalz
1 TL Natron
1 TL Zimtpulver
¼ TL frisch geriebene Muskatnuss
75 g Zucker zum Wälzen

1 In einer großen Rührschüssel die Butter mit den Rührbesen des Handrührgerätes (oder der Küchenmaschine) hellcremig schlagen, dabei den Zucker einrieseln lassen. Dann zuerst das Ei 1–2 Min. unterrühren, anschließend die Melasse. Den Ingwer schälen und fein dazureiben.

2 Das Mehl mit ¼ TL Meersalz, Natron, Zimt und Muskat vermischen. Nach und nach unter die Buttercreme rühren, bis sich alle Zutaten gut miteinander verbunden haben. Den Teig abdecken und 1 Std. kalt stellen.

3 Dann den Backofen auf 180° vorheizen, das Backblech mit Backpapier auslegen. Aus dem Teig ca. 20 kleine Kugeln formen, im Zucker wälzen und mit ausreichend Abstand (!) nebeneinander auf das Blech setzen.

4 Die Kekse im Ofen (2. Schiene von oben) 10–12 Min. backen. Das Blech herausnehmen und die Kekse auf dem Blech vollständig auskühlen lassen. So werden sie außen schön knusprig und bleiben innen weich und feucht.

SALTED PEANUT BUTTER COOKIES

Diese Kekse aus der Bäckerei »ovenly« befördern einen auf direktem Wege in den Cookie-Himmel! Das Geheimnis: Erdnussbutter und grobes Meersalz.

• • •

FÜR CA. 15 STÜCK
ZUBEREITUNG: 15 MIN.
KÜHLEN: 1 STD.
BACKEN (PRO BLECH): 18 MIN.
PRO STÜCK: CA. 245 KCAL

350 g brauner Zucker
2 Eier (L)
1 TL Vanilleextrakt
350 g cremige Erdnussbutter

grobes Meersalz zum Bestreuen

TREND REZEPT

1 In einer großen Rührschüssel den Zucker mit den Eiern und dem Vanilleextrakt mit den Rührbesen des Handrührgerätes (oder der Küchenmaschine) zu einer hellschaumigen Masse schlagen. Die Erdnussbutter dazugeben und alles zu einem glatten Teig verrühren. Abgedeckt mindestens 30 Min., besser noch 1 Std. kalt stellen.

2 Dann den Backofen auf 180° vorheizen, zwei Backbleche mit Backpapier auslegen. Mit einem Esslöffel ca. 15 gleich große Portionen vom Teig abnehmen, mit ausreichend Abstand (!) als Häufchen nebeneinander auf die beiden Bleche setzen und mit grobem Meersalz (insgesamt 4 TL) bestreuen.

3 Die Salted Peanut Butter Cookies nacheinander im Ofen (2. Schiene von oben) ca. 18 Min. backen. Die Cookies sind fertig, sobald sie auf der Oberfläche Risse bekommen und leicht braun werden. Dann aus dem Ofen nehmen und auf einen Kuchengitter auskühlen lassen.

SPICED PUMPKIN BREAD

Dieses Kürbisbrot, das eher wie ein Kuchen daherkommt, schmeckt nicht nur in der Vorweihnachtszeit. Leicht getoastet und mit Butter bestrichen bringt es definitiv Abwechslung auf den täglichen Frühstückstisch.

• • •

1 BROT (CA. 20 SCHEIBEN)
ZUBEREITUNG: 30 MIN.
GAREN: 25 MIN.
BACKEN: 1 STD. 30 MIN.
PRO SCHEIBE: CA. 235 KCAL

500 g Hokkaido-Kürbis
250 g Rohrzucker
3 Eier (M)
230 ml Olivenöl
200 g Mehl
1 ½ TL Backpulver
½ TL Natron
1 TL Zimtpulver
1 Msp. gemahlene Nelke
½ TL frisch geriebene Muskatnuss
Meersalz

1 Kastenform (ca. 30 × 12 cm)
Fett und Mehl für die Form
2 EL Kürbiskerne zum Bestreuen

1 Den Kürbis waschen, entkernen und in 2 cm große Würfel schneiden. In einen Topf geben, 100 ml Wasser dazugießen und den Kürbis bei kleiner Hitze und geschlossenem Deckel in ca. 25 Min. weich kochen. Abkühlen lassen, eventuell überschüssiges Wasser abgießen und anschließend den Kürbis mit dem Pürierstab zu einem feinen Mus pürieren.

2 Dann den Backofen auf 160° (unbedingt Umluft verwenden) vorheizen. Die Kastenform einfetten und gründlich mit Mehl ausstäuben. In einer großen Rührschüssel den Zucker und die Eier mit den Rührbesen des Handrührgerätes (oder der Küchenmaschine) zu einer hellschaumigen Masse schlagen. 200 g Kürbispüree (den Rest einfrieren und bei Bedarf ein zweites Brot damit backen) und das Olivenöl unterrühren.

3 Das Mehl mit dem Backpulver, dem Natron, den Gewürzen und ½ TL Meersalz vermischen. Zur Schaummasse geben und nur kurz unterrühren, bis alle Zutaten verbunden sind.

4 Den Teig in die Kastenform füllen und glatt streichen. Das Brot mit den Kürbiskernen bestreuen und im Ofen (Mitte) 1 Std. 15 Min.–1 Std. 30 Min. backen. Dabei mit Alufolie abdecken, falls es zu dunkel werden sollte.

STICKY BUNS

Achtung, Suchtgefahr! Wer Zimt mag, wird diese süßen, von einer Karamellsauce überzogenen Hefeteilchen einfach lieben. Am besten schmecken sie ganz frisch und noch lauwarm.

• • •

FÜR 4 STÜCK
ZUBEREITUNG: 30 MIN.
RUHEN: 1 STD. 30 MIN.
BACKEN: 20 MIN.
PRO STÜCK: CA. 745 KCAL

125 ml Milch
1 ½ TL Trockenhefe
2 ½ EL Rohrzucker
3 EL Butter
225 g Mehl

50 g Pekannusskerne
80 g brauner Zucker
Meersalz
¼ TL Zimtpulver
7 EL weiche Butter
1 Apfel

6er-Jumbo-Muffinform
Mehl zum Arbeiten

KEINE JUMBO-MUFFINFORM ZU HAND? EINE HERKÖMMLICHE 12ER-FORM TUT ES AUCH. DANN EINFACH DEN TEIG UND DIE FÜLLUNG AUF 8 MULDEN VERTEILEN UND DIE BUNS NUR CA. 15 MIN. BACKEN.

1 Für den Teig die Milch lauwarm erhitzen. Die Trockenhefe und ½ EL Rohrzucker dazugeben und unter Rühren in der Milch auflösen. Die Butter (3 EL) schmelzen.

2 Das Mehl in eine große Rührschüssel sieben, in der Mitte eine Mulde formen. Die Hefemilch, 2 EL flüssige Butter und den übrigen Rohrzucker (2 EL) in die Mulde geben. Alles mit dem Knethaken der Küchenmaschine (oder des Handrührgerätes) zu einem glatten Teig verkneten. Teig zu einer Kugel formen und mit der restlichen flüssigen Butter (1 EL) einpinseln. Abgedeckt an einem warmen Ort 1 Std. gehen lassen.

3 Dann für die Füllung die Pekannüsse hacken und mit dem braunen Zucker, ¼ TL Meersalz und dem Zimt vermischen. In 4 Mulden der Muffinform jeweils 1 EL Füllung geben und je 1 gut gehäuften TL weiche Butter daraufsetzen. Den Apfel schälen, vierteln, entkernen und in kleine Stücke schneiden.

4 Den Teig auf einer bemehlten Arbeitsfläche zu einem Rechteck (ca. 25 × 15 cm) ausrollen. Mit der restlichen weichen Butter (ca. 4 EL) bestreichen und die übrige Füllung sowie die Apfelstückchen darauf verteilen. Den Teig von der schmalen Seite her aufrollen, in 4 gleich große Stücke schneiden und diese mit einer Schnittfläche nach oben in die vorbereiteten Formmulden setzen. Noch einmal 30 Min. gehen lassen.

5 Den Backofen auf 200° vorheizen. Die Sticky Buns im Ofen (Mitte) in ca. 20 Min. goldbraun backen. Herausnehmen und kurz abkühlen lassen, dann die Buns aus der Form lösen und auf kleine Teller setzen. Die flüssige Karamellsauce aus der Form über die Buns gießen. Am besten lauwarm genießen!

CRUFFINS MIT HONIG UND MEERSALZ

Die Kreuzung aus knusprigen Croissants und fluffigen Muffins ist sicherlich keine neue Erfindung. In Kombination mit Honig und Meersalz werden die Cruffins allerdings zu absoluten Trendstücken!

• • •

FÜR 6 STÜCK
ZUBEREITUNG: 45 MIN.
AUFTAUEN: 15 MIN.
RUHEN: 15 MIN.
BACKEN: 20 MIN.
PRO STÜCK: CA. 385 KCAL

6 TK-Blätterteigplatten (quadratisch)
4 EL Butter
grobes Meersalz
6 TL flüssiger Honig
1 Eigelb (M)
2 EL Milch

Mehl zum Arbeiten
6er-Muffinform
Fett und Mehl für die Form

1 Die Blätterteigplatten nebeneinander auf eine leicht bemehlte Arbeitsfläche legen und in ca. 15 Min. auftauen lassen. Anschließend je 2 Teigplatten aufeinanderlegen und zur doppelten Größe ausrollen. Die Muffinform einfetten und mit Mehl ausstäuben. Die Butter schmelzen.

2 Jedes Teigquadrat mit etwas flüssiger Butter einpinseln, mit ein wenig Meersalz (insgesamt 3 TL) bestreuen und mit je 2 TL Honig beträufeln. Die Quadrate mit einem scharfen Messer halbieren, sodass 6 Rechtecke entstehen. Diese von der schmalen Seite her aufrollen. Teigschnecken in die Mulden der Muffinform setzen und abgedeckt ca. 15 Min. ruhen lassen.

3 Den Backofen auf 200° vorheizen. Das Eigelb mit der Milch verquirlen und die Teigschnecken damit einpinseln, dann mit etwas Meersalz (insgesamt 1 TL) bestreuen. Im Ofen (Mitte) 10 Min. backen, die Hitze auf 180° zurückschalten und die Cruffins in weiteren 10 Min. goldbraun und knusprig backen.

4 Die Form aus dem Ofen nehmen und die Cruffins etwas abkühlen lassen, dann vorsichtig aus der Form lösen und auf einem Kuchengitter vollständig auskühlen lassen.

COLD BREWED COFFEE

FÜR 4 PERSONEN
ZUBEREITUNG: 10 MIN.
RUHEN: 18 STD.
PRO PORTION: CA. 200 KCAL

100 g grob gemahlene Kaffeebohnen
1 große Handvoll Eiswürfel
4 TL Ahornsirup (ersatzweise Karamellsauce oder Kokosblütenzucker)
4 Schuss kalte Milch (Vollmilch, Soja-, Reis- oder Mandelmilch, nach Belieben)

1 Kaffee-Filtertüte

TIPP
DAS EMPFOHLENE VERHÄLTNIS VON KAFFEE UND WASSER (1:3) IST EXTREM STARK. WER MAG, KANN HIER GERNE NACH GUSTO EIN WENIG EXPERIMENTIEREN.

1 Die Kaffeebohnen optimalerweise erst kurz vor der Zubereitung mahlen, so kann sich das Kaffeearoma ganz besonders gut entfalten. Das Kaffeepulver in ein großes Gefäß geben und mit 700 ml kaltem Wasser aufgießen. Umrühren, abdecken und bei Zimmertemperatur mindestens 18 Std. ruhen lassen (am besten über Nacht).

2 Am nächsten Tag kurz vor dem Servieren den Kaffee durch die Filtertüte (am besten in einen Kaffeefilter oder ein Spitzsieb setzen, alternativ ein herkömmliches Sieb verwenden) in eine große Kanne oder Karaffe gießen.

3 Die Eiswürfel auf Gläser, Tassen oder Becher (à ca. 250 ml) verteilen und je 1 TL Ahornsirup dazugeben. Mit dem Kaffee aufgießen und diesen kräftig umrühren. Nach Wunsch jeweils noch mit 1 Schuss Milch verfeinern.

TREND REZEPT

ESPRESSO-BROWNIES

• • •

FÜR CA. 48 STÜCK
ZUBEREITUNG: 30 MIN.
BACKEN: 30 MIN.
PRO STÜCK: CA. 115 KCAL

300 g Zartbitter-Schokolade
150 g Butter
150 g weißer Zucker
150 g brauner Zucker
6 Eier (M)
½ TL Vanilleextrakt
150 g Mehl
1 TL Backpulver
Meersalz
50 g Kakaopulver (schwach entölt)
4 EL kalter starker Espresso

130 g Puderzucker
1 ½ EL kalter starker Espresso

1 Brownieform (40 × 30 cm)

1 Die Schokolade grob hacken und 200 g davon mit der Butter über einem heißen Wasserbad schmelzen. Den Backofen auf 200° vorheizen, die Brownieform mit Backpapier auskleiden.

2 In einer großen Rührschüssel weißen und braunen Zucker mit den Eiern und dem Vanilleextrakt mit den Rührbesen des Handrührgerätes (oder der Küchenmaschine) zu einer hellschaumigen Masse schlagen. Die Schoko-Butter-Mischung dazugeben und unterrühren.

3 Das Mehl mit Backpulver, ½ TL Meersalz und Kakaopulver vermischen. Mit dem Espresso (4 EL) zur Schokomasse geben und nur kurz unterrühren. Die restliche Schokolade (100 g) unter den Teig heben. Den Teig in die Form füllen und im Ofen (Mitte) 25–30 Min. backen. Eine Stäbchenprobe machen – ein bisschen Teig darf am Holzspieß kleben bleiben, dann ist der Kuchen perfekt! Auskühlen lassen.

4 Puderzucker und Espresso (1 ½ EL; eventuell etwas weniger nehmen, der Guss sollte nicht zu dünn werden) verrühren. Den Guss graffitiartig über dem Kuchen verteilen und fest werden lassen. Vor dem Servieren in Brownies (ca. 5 × 5 cm) schneiden.

ROSINEN-FENCHEL-SCONES

Diese zart gewürzten Scones kombiniert man am besten mit etwas Butter und Orangenmarmelade, sie passen pur aber auch ganz hervorragend als Beilage zu einem Picknicksalat. Wer keinen Fenchel (oder keine Rosinen) mag, kann diese Zutat einfach weglassen.

• • •

FÜR 8 STÜCK
ZUBEREITUNG: 20 MIN.
BACKEN: 15 MIN.
PRO STÜCK: CA. 260 KCAL

1 TL Fenchelsamen
125 ml Milch
300 g Mehl
2 TL Backpulver
Meersalz
50 g Zucker
75 g kalte Butter
50 g Rosinen
1 Ei (M)

Mehl zum Arbeiten

1 Den Backofen auf 200° vorheizen, das Backblech mit Backpapier auslegen. Die Fenchelsamen im Mörser grob zerstoßen, die Milch lauwarm erhitzen.

2 Das Mehl mit Backpulver, ½ TL Meersalz und dem Zucker in eine Schüssel geben und vermischen. Die Butter in Stückchen schneiden, dazugeben und mit den Händen unter das Mehl arbeiten, sodass ein krümeliger Teig entsteht. Die Milch dazugießen und alles zu einem glatten Teig verkneten. Zum Schluss den Fenchel und die Rosinen in den Teig einkneten.

3 Den Teig auf einer bemehlten Arbeitsfläche ca. 2 cm dick ausrollen und mit einem Glas (6–7 cm Ø) 8 Scones ausstechen, dabei den Glasrand immer wieder mit Mehl bestäuben. Die Scones mit etwas Abstand auf das Backblech setzen.

4 Das Ei verquirlen und die Scones damit bepinseln. Im Ofen (Mitte) 10–15 Min. backen, bis die Scones schön goldgelb sind. Herausnehmen und auf einem Kuchengitter abkühlen lassen.

EAST VILLAGE

FARM TO TABLE

Hier tummeln sich einige der **besten Farm-to-table-Restaurants** *der ganzen Stadt. Nicht verwunderlich, ist es doch das Viertel New Yorks, in dem sich frühe Einwanderer auf kleinen Bauernhöfen niederließen. Und noch heute ist das East Village* **beeindruckend authentisch** *und dadurch bei Einheimischen wie auch Touristen gleichermaßen beliebt.*

CARRIER
CABBAGE
$2.00/EACH
SPRING BULB BASKETS
$16.00/BASKET

EAST VILLAGE – SCHRÄG, UNKONVENTIONELL, SCHÖN

Im East Village ist man mittendrin, vom Mainstream jedoch weit entfernt. Ein bisschen shabby, ein bisschen grungy, vor allem aber ziemlich hip – dieser Stadtteil verströmt einen unverwechselbaren, ganz besonderen Charme und zieht Jung und Alt gleichermaßen an.

Das East Village ist von einigen der schönsten Gegenden Manhattans umgeben. Es liegt eingebettet zwischen dem Greenwich Village im Westen und dem East River im Osten, im Norden wird es von der 14th Street und im Süden von der East Houston Street begrenzt.

IM WANDEL DER ZEIT

Die wohl bekannteste Straße im East Village ist die Bowery Street. Hier ließen sich früher viele Einwanderer nieder und säumten die Straße mit zahlreichen kleinen Bauernhöfen. Gegen Ende des 18. Jahrhunderts veränderte sich das Straßenbild, die Höfe verschwanden und wurden durch schicke Modegeschäfte und herrschaftliche Anwesen reicher Bürger ersetzt. In nur kurzer Zeit entwickelte sich die Bowery Street zu einer der elegantesten Straßen in ganz New York. Glanz und Gloria waren allerdings nur von kurzer Dauer und nicht einmal 100 Jahre später war das Viertel geprägt von Bordellen, Drogen und Prostitution. Aber auch diese Phase hat das East Village weit hinter sich gelassen und kommt heute als stylishes und populäres, aber dennoch entspanntes Szeneviertel daher. Es ist ein Mekka für großartige Restaurants, gemütliche Cafés und ein pulsierendes Nachtleben mit vielen tollen Clubs und Bars und gilt nicht zuletzt als Geburtsstätte des Punk Rock. Unzählige Shops und Stores lassen nicht nur Frauenherzen höher schlagen. Auch für New Yorker, die seit langem in diesem Stadtteil leben, gibt es ständig neue Läden zu entdecken, und trotz der allgemeinen Gentrifizierung ist das East Village irgendwie authentisch und normal geblieben.

GRUNGY, ANGESAGT UND UNBEZAHLBAR

Heute bestimmen hier das Stadtbild vor allem Gebäude aus der Vorkriegszeit. Mit ihren typischen rostigen Feuerleitern aus Eisen verleihen sie dem Ganzen einen sympathischen altmodischen Charme. Und obwohl mittlerweile etliche der Gebäude renovierungsbedürftig sind, ist das East Village ein angesagtes Wohnviertel, das sich kaum noch einer leisten kann. Die Nachfrage ist trotz zum Teil baufälliger Gebäude hoch, und so behält sich das East Village seinen grungy Flair.

Rote Bete? Oder doch lieber weiße, gelbe oder grüne? Ganz egal, auf dem Union Square Market im East Village findet man alles.

Im Herzen des East Village liegt der Tompkins Square Park, der vor allem für seinen Bestand an Amerikanischen Ulmen bekannt ist. Zu jeder Jahreszeit wird er von Anwohnern und Durchreisenden gleichermaßen bevölkert, und vor allem im Sommer lädt er zu einem gemütlichen Picknick mit Freunden oder einem Kinoabend unter freiem Himmel ein. Die Wenigsten zieht es dann nach der Arbeit direkt nach Hause. Eine ganz besondere Anlaufstelle – ebenfalls rund ums Jahr – ist New Yorks erster und größter Hundepark »Tompkins Square Dog Run«. Dort finden Hunde alles, was das Vierbeinerherz sich wünscht.

AUF DEN SPUREN VON ABRAHAM LINCOLN

Eine absolute Institution und wahre Legende im East Village ist das »McScorley's Old Ale House«, die wohl älteste irische Kneipe der Stadt, in der bereits Abraham Lincoln gesessen haben soll. Auf ihn stößt man auch, wenn man die zwischen Cooper Square und Astor Place gelegene private Kunsthochschule »The Cooper Union« besucht. In der Great Hall dieser historischen Bildungsanstalt soll Abraham Lincoln 1860 seine berühmte Rede gehalten haben, die ihm letzten Endes zum Einzug ins Weiße Haus verholfen hat.

> *Das East Village vereint alte Historie, die Grungy-Szene und unbezahlbaren Lebensraum gleichermaßen.*

Für uns Foodies allerdings war das Restaurant »The Eddy« ein absolutes Highlight und in Sachen »Farm to table« ganz vorne mit dabei.

Oben: Farmer aus dem New Yorker Umland preisen an vier Tagen der Woche ihre Waren an. | Rechts: Regional und saisonal wird hier ganz groß geschrieben.

FARM
est

Eine Oase inmitten von Manhattan: der Innenhof des Farm-to-table-Restaurants »Palma«. Der perfekter Ort für ein romantisches Dinner, ein Familientreffen, die Geburtstagsfeier … – einfach immer!

Der Trend »Farm to table« ist in der Metropole New York vor allem in den Wintermonaten nur schwer umzusetzen. Das Angebot und die Nachfrage decken sich nicht immer.

FARM TO TABLE

Farm to table (von der Farm auf den Tisch) – diese drei Worte sind uns immer wieder wie eine fette Schlagzeile ins Auge gesprungen. Die Farm-to-table-Bewegung startete in den 1980er Jahren an der Westküste der USA. Alice Waters aus dem Restaurant »Chez Panisse« fing an, die Lebensmittel möglichst direkt beim Erzeuger einzukaufen und unterstützte somit lokale Farmer, Produzenten und Händler. Dieser Trend breitete sich wie eine Welle aus und erreichte in den 1990ern auch New York. Farmer in Upstate New York, New Jersey, Vermont und Maine erkannten das Potential und konzentrierten sich fortan auf »high quality products«, die sie auf zahlreichen Märkten zum Verkauf anpriesen.

Auch heute noch ist »Farm to table« in NYC ein großes Thema. Sei es, dass die Küchenchefs ein direktes und persönliches Verhältnis zu den Farmern und Herstellern im Umland haben, oder dass sie auf dem Dach ihres Restaurants einen eigenen Gemüse- oder Kräutergarten pflegen. In Restaurants, die auch nur ansatzweise etwas von sich halten, wird dieser Trend quasi vorausgesetzt und spielt somit auch in Sachen Marketing eine große Rolle. Hält man sich dabei vor Augen, wie effizient die Gastronomie funktionieren muss, um in dieser angesagten Metropole existieren zu können, so ist es nicht verwunderlich, dass nur wenige Restaurants diesen Trend auch wirklich zu 100 Prozent umsetzen können. Hinzu kommt die Tatsache, dass auch New York City an Jahreszeiten gebunden ist, was zumindest im Winter für ein eher spärliches Angebot sorgt.

Sattes und leuchtendes Grün von herrlich frischen Kräutern.

Jason Soloway, Inhaber des kleinen, aber feinen Restaurants »The Eddy«, erklärt uns, wie er diesen Trend handhabt: möglichst regionale und saisonale Zutaten einkaufen, sich bewusst machen, wo die Sachen herkommen und auf gute Qualität achten. Die findet er zum Beispiel auf dem Wochenmarkt am Union Square, wo Farmer aus dem Umland ihre Produkte an vier Tagen in der Woche zum Verkauf anbieten. Zudem ist die Speisekarte im »The Eddy« eher übersichtlich gehalten und den Jahreszeiten angepasst – und genau deshalb können es sich Jason und seine Küchenchefs auch erlauben, auf gute Qualität zu setzen.

ROTE BETEN MIT FOURME D'AMBERT

Mein persönliches Farm-to-table-Highlight: im Ofen geröstete Rote Bete auf Fourme d'Ambert. Hier wird die erdige Note der dunkelroten Knollen ganz hervorragend durch den würzigen Blauschimmelkäse unterstrichen, mit dem sie auf den Teller kommen. Das Rezept stammt aus dem Restaurant »The Eddy« – unbedingt probieren, wenn Sie zur Saison einmal dort sind!

• • •

FÜR 4 PERSONEN
ZUBEREITUNG: 25 MIN.
GAREN: 1 STD. 30 MIN.
PRO PORTION: CA. 515 KCAL

8 Rote Beten (ersatzweise vorgegarte Knollen aus der Vakuumverpackung)
Meersalz
5 EL Olivenöl
150 g Fourme d'Ambert
100 g Crème fraîche
Pfeffer
1 EL Aceto balsamico bianco
2 Stängel Liebstöckel (ersatzweise Kerbel oder Petersilie)

TREND REZEPT

1 Den Backofen auf 200° vorheizen. Die Roten Beten unter fließendem Wasser gründlich abbürsten und in eine flache Auflaufform legen. Die Beten mit Meersalz würzen und mit 2 EL Olivenöl beträufeln. Die Form mit Alufolie abdecken und in den Ofen (Mitte) schieben. Die Beten je nach Größe 1 Std. – 1 Std. 30 Min. weich garen (zum Testen mit einem spitzen Messer hineinstechen). Herausnehmen, ein wenig abkühlen lassen und schälen. Vom Garsaft der Beten 2 EL abnehmen und zur Seite stellen. (Vorgegarte Knollen im Ofen auf der 2. Schiene von oben ca. 20 Min. rösten).

2 Dann den Fourme d'Ambert grob in eine Schüssel bröckeln und mit der Crème fraîche verrühren. Die Käsecreme mit wenig Meersalz und Pfeffer würzen.

3 Für das Dressing den Rote-Bete-Saft mit dem Balsamessig und dem übrigen Olivenöl (3 EL) verrühren. Mit Meersalz und Pfeffer würzen. Liebstöckel abbrausen und trocken schütteln, die Blätter abzupfen und grob hacken.

4 Zum Anrichten zunächst die Käsecreme auf die Teller verteilen und glatt streichen. Die Roten Beten mit einem breiten Messer oder einem Teller ein wenig flacher drücken und jeweils 2 Knollen pro Teller auf die Käsecreme setzen. Mit dem Dressing beträufeln und dem Liebstöckel bestreuen. Sofort servieren, am besten mit Baguette (siehe S. 46).

GRILLSPARGEL MIT MIKROGREENS

»Mikrogreens«? Noch nie gehört? So werden in den USA vor allem Sprossen und Kräuter bezeichnet, die oft als Topping auf einem Gericht landen.

• • •

FÜR 4 PERSONEN
ZUBEREITUNG: 25 MIN.
PRO PORTION: CA. 245 KCAL

4 Eier (M)
700 g grüner Spargel
2 EL Olivenöl
Meersalz, Pfeffer
1 Knoblauchzehe
½ Bund Dill
1 EL Kapern
150 g saure Sahne
2 TL Dijon-Senf
1 Beet Kresse (z. B. Gartenkresse, Sakura, Daikon, Shiso Green, Shiso Purple)

1 Die Eier in ausreichend Wasser in ca. 10 Min. hart kochen, dann kalt abschrecken, schälen und nicht zu fein würfeln.

2 Inzwischen den Spargel waschen und die holzigen Enden abschneiden. Das Olivenöl in einer großen Pfanne erhitzen. Darin die Spargelstangen rundherum bei mittlerer Hitze 5–6 Min. anbraten. Mit Meersalz und Pfeffer würzen.

3 Zwischendurch den Knoblauch schälen und durchpressen. Dill abbrausen und trocken schütteln, die Blättchen abzupfen und fein hacken. Die Kapern grob hacken. Alles mit der sauren Sahne und dem Senf verrühren. Die Gribiche (kalter Saucenklassiker aus Frankreich) mit Meersalz und Pfeffer würzen. Die Hälfte der gehackten Eier untermischen.

4 Den Spargel auf Teller verteilen und die Gribiche und die restlichen gehackten Eier darübergeben. Die Kresse vom Beet schneiden und den Spargel damit toppen.

OFENGERÖSTETE RADIESCHEN

Im East Village landeten wir im »Fat Radish«, wo der Name Programm war. Der Gruß aus der Küche: Röst-Radieschen mit einem rotem Pesto. Lecker!

• • •

FÜR 4 PERSONEN
ZUBEREITUNG: 30 MIN.
PRO PORTION: CA. 405 KCAL

2 Bund Radieschen
2 EL Olivenöl
Saft von ½ Zitrone
1 EL flüssiger Honig
Meersalz, Pfeffer

1 Knoblauchzehe
½ Bund Basilikum
1 Glas getrocknete Tomaten (in Öl, 180 g)
50 g geriebener Parmesan
2 EL Olivenöl (bei Bedarf)
Meersalz, Pfeffer

1 Den Backofen auf 220° vorheizen. Die Radieschen waschen, putzen und je nach Größe halbieren oder vierteln. Die Stücke sollten in etwa gleich groß sein.

2 Das Olivenöl (2 EL) mit Zitronensaft und Honig verrühren, mit Meersalz und Pfeffer würzen. Mit den Radieschen in eine flache Auflaufform geben und vermischen. Im Ofen (Mitte) ca. 20 Min. rösten, dabei ab und zu umrühren.

3 Inzwischen für das Pesto den Knoblauch schälen und grob hacken. Das Basilikum abbrausen und trocken schütteln, die Blätter abzupfen. Beides mit den Tomaten samt Öl in ein hohes Rührgefäß geben. Mit dem Pürierstab nicht zu fein pürieren.

4 Dann den Parmesan zum Pesto geben und erneut pürieren. Falls das Pesto zu dick und fest ist, noch das Olivenöl (2 EL) unterrühren. Mit Meersalz und Pfeffer abschmecken. Das rote Pesto zu den gerösteten Radieschen servieren.

KÜRBISPÜREE MIT JAKOBSMUSCHELN

Noch ein »The Eddy«-Hit! In dem kleinen, bescheidenen Restaurant in Downtown Manhattan wird das Püree aus ofengeröstetem Kürbis mit einer Zabaione serviert, die hier durch gebratene Jakobsmuscheln ersetzt wurde.

• • •

FÜR 4 PERSONEN
ZUBEREITUNG: 40 MIN.
PRO PORTION: CA. 175 KCAL

750 g Hokkaido-Kürbis
Meersalz
250 ml dunkles Bier
3 Schalotten
2 ½ EL Olivenöl
8 Jakobsmuscheln
1 EL Butter
1 TL Ahornsirup
Meersalz, Pfeffer
1 Prise Chilipulver

TREND REZEPT

1 Den Backofen auf 200° vorheizen, ein Backblech mit Backpapier auslegen. Kürbis waschen, entkernen, grob würfeln und auf dem Blech verteilen. Mit 1 TL Meersalz bestreuen und das Bier angießen. Im Ofen (Mitte) in 25 Min. weich garen. Dann den Kürbis (ohne verbliebenes Bier) in eine Schüssel geben und mit dem Pürierstab zu einem cremigen Mus pürieren.

2 Zwischendurch die Schalotten schälen und in feine Streifen schneiden. In einer Pfanne 2 EL Olivenöl erhitzen. Darin die Schalotten bei kleiner bis mittlerer Hitze in ca. 15 Min. knusprig braten, anschließend aus der Pfanne nehmen.

3 Die Jakobsmuscheln waschen und trocken tupfen. In der Pfanne das restliche Olivenöl (½ EL) und die Butter erhitzen. Darin die Jakobsmuscheln pro Seite 2–3 Min. anbraten, bis sie außen goldbraun und innen durch sind. Mit Ahornsirup, Meersalz, Pfeffer und Chilipulver würzen.

4 Das Kürbispüree auf Teller verteilen, je 2 Jakobsmuscheln daraufsetzen und die gebratenen Schalotten darüberstreuen. Etwas Bratenansatz darüberträufeln und sofort servieren.

SÜSSKARTOFFELSALAT

Zufällig stießen wir auf das Restaurant »Palma« mit dem wohl schönsten Innenhof in ganz Manhattan. Von dort stammt die Idee für diesen Salat.

FÜR 4 PERSONEN
ZUBEREITUNG: 15 MIN.
GAREN: 30 MIN.
PRO PORTION: CA. 425 KCAL

400 g Süßkartoffeln
2 EL Olivenöl
grobes Meersalz
100 g Rucola
100 g Ziegenweichkäse (von der Rolle)
50 g gesalzene Pistazienkerne

½ Knoblauchzehe
2 EL Apfelessig
1 EL Aceto balsamico
1 TL Dijon-Senf
1 TL Ahornsirup
6 EL Olivenöl
¼ TL Chilipulver
Meersalz, Pfeffer

1 Den Backofen auf 200° vorheizen, ein Backblech mit Backpapier auslegen. Die Süßkartoffeln schälen, in ca. 2 cm große Würfel schneiden und auf dem Blech verteilen. Olivenöl (2 EL) und ½ TL grobes Meersalz darübergeben. Im Ofen (2. Schiene von oben) 25–30 Min. garen, bis die Süßkartoffeln weich sind. Aus dem Ofen nehmen und abkühlen lassen.

2 Inzwischen den Rucola abbrausen und trocken schleudern, dicke Stiele abschneiden. Den Ziegenkäse grob zerbröckeln, die Pistazienkerne grob hacken.

3 Den Knoblauch schälen und grob zerkleinern. Mit Apfel- und Balsamessig, Senf, Ahornsirup, Olivenöl (6 EL) und Chilipulver in einen hohen Rührbecher geben und mit dem Pürierstab zu einem Dressing pürieren. Mit Meersalz und Pfeffer würzen.

4 Die Süßkartoffeln auf Teller oder einer großen Servierplatte verteilen. Den Rucola darübergeben und mit dem Ziegenkäse und den Pistazien bestreuen, das Dressing darüberträufeln. Den Salat sofort servieren.

SALAT AUS OFENKARTOFFELN

Ich bin kein großer Fan von Kartoffelsalat, dieser hat es mir aber angetan: Baked Potatoes, frische Kräuter und ein würziger Dip sind das Geheimnis.

• • •

FÜR 4 PERSONEN
ZUBEREITUNG: 45 MIN.
GAREN: 40 MIN.
MARINIEREN: 30 MIN.
PRO PORTION: CA. 290 KCAL

750 g kleine festkochende Kartoffeln (am besten die Sorte Nicola)
5 EL Olivenöl
grobes Meersalz
1 Bund glatte Petersilie
1 Bund Dill
1 Bund Schnittlauch
2 EL Aceto balsamico bianco
Meersalz, Pfeffer
1 Knoblauchzehe
3 Sardellenfilets (in Öl)
Saft von ½ Zitrone
1 EL Mayonnaise
150 g Joghurt

1 Die Kartoffeln waschen und in einem Topf knapp mit Wasser bedecken. Aufkochen und mit schräg aufgelegtem Deckel bei kleiner bis mittlerer Hitze ca. 20 Min. vorkochen. Den Backofen auf 200° vorheizen.

2 Die Kartoffel abgießen, abtropfen lassen, längs halbieren und in einer flachen Auflaufform verteilen. Mit 1 EL Olivenöl beträufeln und 1 TL grobem Meersalz bestreuen. Im Ofen (Mitte) 20 Min. goldbraun rösten, dann in eine Schüssel geben.

3 Die Kräuter abbrausen und trocken schütteln, Petersilien- und Dillblätter abzupfen und grob hacken, Schnittlauch in Röllchen schneiden. Mit Balsamessig und 3 EL Olivenöl zu den Kartoffeln geben, alles vermengen, mit feinem Meersalz und Pfeffer würzen. Salat mindestens 30 Min. durchziehen lassen.

4 Knoblauch schälen, mit den Sardellen grob zerkleinern. Mit Zitronensaft, Mayonnaise und übrigem Öl (1 EL) in einen hohen Rührbecher geben, mit dem Pürierstab fein pürieren. Joghurt unterrühren, Dip salzen und pfeffern und zum Salat servieren.

JERUSALEM ARTICHOKE LASAGNE

• • •

FÜR 4 PERSONEN
ZUBEREITUNG: 1 STD.
BACKEN: 40 MIN.
PRO PORTION: CA. 780 KCAL

150 g Lasagneplatten (ohne Vorkochen)
450 g Topinambur, 1 EL Olivenöl
1 TL getrockneter Oregano
Meersalz, Pfeffer
300 g Blattspinat
2 Knoblauchzehen
2 Schalotten, 1 EL Butter
1 Schuss trockener Weißwein
frisch geriebene Muskatnuss

5 EL Butter, 30 g Mehl
500 ml Milch
50 g geriebener Parmesan
Meersalz, Pfeffer
frisch geriebene Muskatnuss

2 ½ EL Butter für die Form
und zum Belegen
125 g Mozzarella
50 g geriebener Parmesan

1 Die Lasagneplatten nebeneinander in eine große Auflaufform legen, mit kochend heißem Wasser übergießen, 1 Min. ziehen lassen. Herausnehmen und auf ein Geschirrtuch legen.

2 Die Topinambur gründlich waschen und mit der Schale in dünne Scheiben hobeln. In einer beschichteten Pfanne das Olivenöl erhitzen. Darin die Topinambur bei mittlerer Hitze 4–5 Min. braten, bis sie weich und leicht gebräunt sind. Mit Oregano, Meersalz und Pfeffer würzen, vom Herd nehmen.

3 Den Blattspinat putzen, waschen, trocken schleudern und grob hacken. Knoblauch und Schalotten schälen und fein hacken. In einem großen Topf Butter (1 EL) bei kleiner Hitze schmelzen. Darin Knoblauch und Schalotten glasig dünsten. Mit Wein ablöschen und diesen vollständig einköcheln lassen. Spinat dazugeben und 2–3 Min. dünsten, bis er zusammengefallen ist. Mit Meersalz, Pfeffer und Muskat würzen.

4 Für die Béchamelsauce die Butter (5 EL) in einem Topf schmelzen. Mehl mit einem Schneebesen kräftig unterrühren. Unter weiterem Rühren nach und nach die Milch dazugießen und die Sauce bei mittlerer Hitze ca. 5 Min. köcheln lassen, bis sie dicklich wird. Parmesan (50 g) unterrühren und schmelzen lassen. Die Béchamel mit Meersalz, Pfeffer und Muskat würzen.

5 Backofen auf 175° vorheizen. Die Auflaufform falls nötig trocknen, dann mit Butter (½ EL) einfetten und auf dem Boden 2–3 EL Béchamel verteilen. Jetzt nacheinander einschichten: jeweils ein Drittel Lasagneplatten, Spinat, Topinambur und Béchamel. Diesen Vorgang noch zweimal wiederholen.

6 Mozzarella in dünne Scheiben schneiden und die Lasagne damit belegen. Den Parmesan (50 g) darüberstreuen und die übrige Butter (2 EL) in kleinen Flöckchen darauf verteilen. Im Ofen (Mitte) ca. 30 Min. backen, bis die Lasagne schön goldbraun ist. Dann die Lasagne noch 10 Min. im ausgeschalteten Ofen ruhen lassen, bevor sie auf den Tisch kommt.

GUT ZU WISSEN
DEM URSPRÜNGLICH ALS »TOPINAMBOUR« BEKANNTEN WURZELGEMÜSE GABEN MÖNCHE EINES ITALIENISCHEN KLOSTERS DEN NAMEN »GIRASOLO ARTICIOCCO«. AUFGRUND DER SCHWIERIGEN AUSSPRACHE WURDE DARAUS »JERUSALEM-ARTISCHOCKE«.

AUBERGINEN-CAPONATA

New York ist ein Potpourri aller nur denkbaren Nationen. Das spürt man vor allem auch bei den kulinarischen Einflüssen – die Küche der Metropole ist ausgesprochen bunt und abwechslungsreich. Und dass Italien hier richtig groß mitmischt, ist keine Frage. Ich sage nur: Caponata.

• • •

FÜR 4 PERSONEN
ZUBEREITUNG: 50 MIN.
RUHEN: 1 STD.
PRO PORTION: CA. 165 KCAL

1 große Aubergine
Meersalz
4 EL Olivenöl
1 rote Zwiebel
2 EL Rotweinessig
1 Dose stückige Tomaten (400 g)
2 EL Kapern
2 EL Rosinen
1 TL Agavendicksaft
Pfeffer

50 g Pinienkerne
1 Bund Basilikum

1 Die Aubergine waschen, putzen und in ½ cm große Würfel schneiden. In einer Schüssel mit 1 TL Meersalz vermischen und abgedeckt 1 Std. ruhen und durchziehen lassen.

2 Dann den Backofen auf 200° vorheizen, ein Backblech mit Backpapier auslegen. Die Auberginenwürfel mit Küchenpapier abtupfen, auf dem Blech verteilen und mit 2 EL Olivenöl vermischen. Im Ofen (2. Schiene von oben) ca. 25 Min. backen, bis die Auberginenwürfel goldbraun sind.

3 Inzwischen die Zwiebel schälen und fein würfeln. In einer großen Pfanne das übrige Olivenöl (2 EL) erhitzen. Darin die Zwiebel bei kleiner Hitze in ca. 5 Min. glasig dünsten. Mit Rotweinessig ablöschen und bei großer Hitze kurz aufkochen lassen, dann die Hitze wieder reduzieren.

4 Die Tomaten in die Pfanne geben und 3–5 Min. köcheln lassen. Kapern, Rosinen und Agavendicksaft unterrühren und alles nochmals 5 Min. köcheln. Die Auberginen zur Tomatensauce geben, mit Meersalz und Pfeffer würzen. Die Caponata weitere 10 Min. schmoren, dann die Pfanne vom Herd nehmen und die Caponata fast vollständig auskühlen lassen.

5 Die Pinienkerne in einer kleinen Pfanne goldbraun rösten. Das Basilikum abbrausen und trocken schütteln, die Blätter abzupfen und grob hacken. Die Caponata mit Pinienkernen und Basilikum bestreuen und servieren – am besten mit frisch geröstetem Bauernbrot.

BUSHWICK

HALAL

Kunterbunte Graffitis, schräge Vögel *und das Ganze gepaart mit einer ordentlichen Portion* **Industrial Chic** *– so präsentiert sich Bushwick und hat uns dabei sofort in seinen Bann gezogen. Im Norden Brooklyns gelegen ist dieses Viertel von New York* **von vorne bis hinten herrlich unaufgeregt** *und eine wahre Fundgrube in Sachen Halal-Food.*

BUSHWICK – GRAFFITI CITY

Kunstvolle Graffitis an nahezu jeder Hauswand, das ist das Erste was einem auffällt, wenn man durch die Straßen von Bushwick schlendert. Gepaart mit dem ganz eigenen Street Style Look der dort Ansässigen kommt man nicht umhin, sich immer wieder zu denken, was für eine coole Socke das Viertel ist.

Noch vor gar nicht allzu langer Zeit war New York quasi gleichbedeutend mit Manhattan. Jeder, der von New York sprach, einmal dort war oder dorthin reiste – alles dreht sich um das Herzstück der City, nämlich den Teil zwischen Hudson und East River. Von Brooklyn hatte man vielleicht gehört, aber zumindest als Tourist ließ man diese Gegend der Millionenstadt eher links liegen. Für die New Yorker selber ist das allerdings schon eine ganze Weile nicht mehr so.

EIN ECHTES MEKKA FÜR YOUNG HIPSTERS

Der Wohnraum in Manhattan ist nicht nur knapp, sondern insbesondere für Berufseinsteiger und junge Familien nahezu unbezahlbar. Man strömt also aus, auf der Suche nach Vierteln, die vielleicht weniger prominent sind, dafür aber erschwinglichen Wohnraum bieten, den man sich zudem auch irgendwie zu eigen machen kann. Fündig wird man in Brooklyn. Hier gibt es Freiraum für Familien mit Kindern, für die sogenannten »Young Hipsters«, und außerdem für jede Menge schräge Vögel. Brooklyn ist hip und trendy und das Leben pulsiert hier mindestens genauso wie in Manhattan, nur irgendwie auf eine entspannte und lässige Art. Fuhren Brooklyns Bewohner früher zum Abendessen extra nach Downtown, also Manhattan, so hat sich der Spieß mittlerweile umgekehrt – die Szene in Brooklyn ist unglaublich vielfältig und sehr viele Restaurants servieren Essen auf höchstem Niveau.

Im Norden von Brooklyn liegt Bushwick, ein Viertel mit alten Fabrikgebäuden und Wohnhäusern, in dem die Uhren immer noch etwas langsamer ticken und die Hektik Manhattans fast nicht zu spüren ist. Läuft man an einem durchschnittlichen Sonntagmorgen durch die Straßen, so trifft man Menschen unterschiedlichster Herkunft. Familien und junge Leute bevölkern die Parks oder sie treffen sich im Café zu einem gemütlichen Brunch, während die fröhliche Musik von Mexikanern und Puertoricanern an der ein oder anderen Straßenecke lautstark aus Boxen dröhnt (viele Bewohner Bushwicks stammen aus Lateinamerika). Die Straßen sind gesäumt mit kleinen Cafés, geschäftigen Restaurants, Cocktail-Lounges

Bushwick – ein Viertel der Young Hipster und des Graffiti.

und Rock-Clubs. Einst heruntergekommene Lagerhäuser wurden zu kleinen Galerien, luftigen Ateliers, günstigen Vintage-Läden und extravaganten Veranstaltungsorten umgebaut. Hübsche Apartments aus rotem Klinkerstein stehen neben heruntergekommenen Bruchbuden, die jedoch so kunstvoll mit Graffiti besprüht sind, dass das ganze Viertel wie eine einzige große öffentliche Galerie daherkommt. Der Industrial Chic ist überall wahrzunehmen.

AN JEDER ECKE KUNST

Wir schlendern durch die Straßen, spitzen in die Innenhöfe und entdecken hinter jeder Ecke ein neues Kunstwerk. Mindestens genauso kunstvoll sind die Leute: Strümpfe über Hosenbeinen, lange Mäntel, Schals, große Sonnenbrillen, Piercings und knalliger Lippenstift – und das alles in einer kunterbunten Farbkombination – werden hier mit überzeugender Selbstsicherheit und Authentizität getragen und haben so gar nichts mit dem klassischen Business Chic aus Manhattan zu tun. Und dennoch, oder gerade deswegen, und Dank der guten Anbindung an Manhattan ist Bushwick ein beliebtes Wohnviertel für viele Downtown-Workers.

> *Kneipen, Weinlokale und Galerien florieren, die Schönen und Reichen strömen in die umgebauten Lofts – und dennoch trägt Bushwick noch seinen ursprünglichen Kern in sich.*

Klar, dass ein so hippes und angesagtes Viertel auch kulinarisch so einiges zu bieten hat. Unser absolutes Foodie-Highlight in Bushwick: die »Halal«-Burger im »BK Jani« von Sibte Hassan.

Oben: Industrie-Chic an jeder Ecke – alte Fabrikhäuser wurden zu stylischen Lofts umgebaut. | Rechts: Mehr als nur Graffiti – Kunst an jeder Hauswand.

Oben: Im »BK Jani« wird The Best Burger in Town aus nur vier Zutaten zubereitet. | Rechts: Sibte Hassan in seinem kleinen, aber legendären Lokal »BK Jani«.

Die Wände im »BK Jani« sind tapeziert mit Notizen ehemaliger sowie immer wiederkehrender Gäste. Fazit: Nicht nur Qualität, auch Gastfreundschaft stehen hier an erster Stelle.

HALAL

Wer nach New York kommt und das Wort »halal« hört, erfährt auch bald etwas von den berühmten »Halal Guys«. In den frühen 1990ern eröffneten sie mit Nichts inmitten der Millionenmetropole einen klitzekleinen Hot-Dog-Straßenstand. Das Geschäft boomte, und weil wegen der zahlreichen muslimischen Taxifahrer die Nachfrage nach Halal-Essen groß war, setzten die drei Jungs den Fokus schon bald auf die passenden Gerichte. »Chicken or Gyros over rice and a special sauce« wurde binnen kürzester Zeit zum Verkaufshit. Noch heute ist die Schlange der Wartenden lang und reicht oft um komplette Häuserblocks herum. Die Halal Guys eröffneten weitere Stände und wurden zum Parade-Beispiel für »the American Dream«.

Auf unserem Streifzug durch ganz NY entdecken wir überall verteilt nicht nur Straßenstände, sondern auch Restaurants die halal kochen. In Bushwick, Brooklyn, stießen wir auf das kleine Lokal »BK Jani«. Inhaber und Chefkoch Sibte Hassan lädt uns ein, ihm in seiner winzigen blitzeblank geputzten Küche über die Schulter zu schauen. Während Sibte routiniert Fleisch und Gemüse anbrät und immer wieder Flammen aus dem Grill zischen, erzählt er uns, was genau halal bedeutet:

»Halal« kommt aus dem Arabischen und bedeutet so viel wie »erlaubt« oder »zulässig«. Vergleichbar mit den jüdischen kosheren Speisen beschreibt es das gute und reine Essen, was vor allem beim Fleisch eine große und wichtige Rolle spielt. Halal-Fleisch stammt von Tieren, die in einer artgerechten Umgebung aufwachsen und nicht misshandelt werden. Die Schlachtung geschieht auf eine bestimmte Art und Weise, vorher werden die Tiere noch durch ein Gebet gesegnet. Sind Tiere »haram«, also das Gegenteil von halal (zum Beispiel wenn sie verendet sind), werden sie nicht verwendet.

Mit einer Handbewegung bittet Sibte Hassan uns schließlich, an einem der kleinen Tische im Lokal Platz zu nehmen. Er serviert uns einen auf den Punkt gebratenen Burger, der unglaublich saftig aussieht. »It's my four ingredient Burger«, sagt er mit einem zurückhaltenden Lächeln. »Meat, grilled tomato, mint chutney and a special joghurt sauce.« Die Speisekarte ist nicht groß, die Wände im »BK Jani« dafür umso voller mit Notizzetteln, auf denen Fans, Freunde und Durchreisende ihre Freude und ihr Wohlgefallen über das köstliche Essen zum Ausdruck bringen. Aus ganz New York kommen sie angereist, um seinen BK Jani Burger zu essen, den es wahlweise mild oder scharf gibt. Wir probieren beide Varianten und trinken dazu ein fruchtiges und irgendwie auch leicht scharfes Mango-Lassi. »Chili«, verrät uns Sibte und zwinkert dabei. Wir tunken den letzten Rest Sauce auf und lehnen uns satt und zufrieden zurück, während der Chef sich mit einem kräftigen Handschlag verabschiedet und zurück in seine kleine Küche verschwindet.

Unser Fazit: Bushwick und Halal – beide sind ein absolutes Muss!

BK JANI BURGER

Halal-Stände findet man in New York nahezu an jeder Straßenecke. In Bushwick jedoch liegt eines der besten Halal-Restaurants: das »BK Jani«. Der dortige Küchenchef ist bekannt für seine Burger, deren Pattys er aus Halal-Fleisch zubereitet und die dann lediglich mit gegrillter Tomate und einem Minze-Chutney zwischen den Buns landen. Nur zu empfehlen!

FÜR 4 PERSONEN
ZUBEREITUNG: 25 MIN.
PRO PORTION: CA. 510 KCAL

500 g Rinderhackfleisch (am besten Angus Beef)
2 Spritzer Worcestersauce
½ TL Dijon-Senf
Meersalz, Pfeffer
1 große Fleischtomate
4 Salatblätter (z. B. Römersalat)
2 EL Olivenöl
8 EL Minze-Chutney (aus dem Glas oder selbst gemacht, siehe Tipp; ersatzweise Minze-Joghurt-Sauce, siehe S. 133)
4 Burger-Brötchen (Buns)

MINZE-CHUTNEY SELBST GEMACHT
DAFÜR DIE BLÄTTCHEN VON JE ½ BUND MINZE UND GLATTER PETERSILIE MIT 1 KNOBLAUCHZEHE, 1 SPRITZER ZITRONENSAFT, ½ TL MEERSALZ UND 100–120 ML OLIVENÖL FEINCREMIG PÜRIEREN.

• • •

1 In einer großen Schüssel das Hackfleisch mit Worcestersauce, Dijon-Senf, Meersalz und Pfeffer würzen und mit den Händen kräftig durchkneten. Aus der Hackmasse 4 Burger-Pattys (ca. 1 cm dick) formen.

2 Den Backofengrill vorheizen. Die Tomate waschen und in ca. ½ cm dicke Scheiben schneiden, dabei den Stielansatz entfernen. Die Salatblätter abbrausen und trocken tupfen.

3 Eine große (Grill-)Pfanne erhitzen und mit 1 EL Olivenöl einpinseln. Die Burger-Pattys darin bei mittlerer Hitze auf jeder Seite 3–4 Min. braten. Anschließend die Pfanne vom Herd nehmen und die Pattys bei geschlossenem Deckel noch 1–2 Min. nachziehen lassen.

4 Inzwischen die Burger-Brötchen im Ofen (Mitte) unter dem Grill erwärmen und »toasten«. In einer zweiten Pfanne das übrige Olivenöl (1 EL) erhitzen und darin die Tomatenscheiben auf beiden Seiten kurz anbraten.

5 Die Burger-Brötchen aufschneiden und die unteren Hälften mit je 1 Salatblatt, 1 Patty und 1 Tomatenscheibe belegen. Das Minze-Chutney darüber verteilen, die oberen Brötchenhälften darauflegen und leicht andrücken. Sofort servieren.

TREND REZEPT

GEGRILLTE HÄHNCHENSPIESSE

Der typische Geruch und Geschmack von New Yorker Halal-Gerichten ist leicht rauchig und erinnert stark an Barbecue. Darum diese marinierten Chicken Skewers am besten auf dem Grill zubereiten, wobei das Braten in der Pfanne genauso gut funktioniert. Vorher das Fleisch möglichst über Nacht im Kühlschrank ziehen lassen, damit es besonders zart wird.

• • •

FÜR 4 PERSONEN
ZUBEREITUNG: 10 MIN.
MARINIEREN: 4 STD.
PRO PORTION: CA. 330 KCAL

750 g Hähnchenbrustfilet
50 g griechischer Joghurt
4 EL Olivenöl
1 EL Tomatenmark
Saft von ½ Zitrone
2 Knoblauchzehen
1 TL getrockneter Oregano (ersatzweise Majoran)
1 TL edelsüßes Paprikapulver
½ TL gemahlener Kreuzkümmel
¼ TL Chiliflocken
Meersalz, Pfeffer

8 lange Holz- oder Metallspieße (Schaschlikspieße)

1 Das Hähnchenbrustfilet kalt abbrausen, trocken tupfen und in ca. 3 cm große Würfel schneiden. Die Hähnchenfleischwürfel auf die Holz- oder Metallspieße stecken und diese nebeneinander in eine flache Schale legen.

2 In einer Schüssel den Joghurt mit 2 EL Olivenöl, Tomatenmark und Zitronensaft glatt verrühren. Den Knoblauch schälen und dazupressen. Die Marinade mit Oregano, Paprikapulver, Kreuzkümmel, Chiliflocken, Meersalz und Pfeffer würzen und über den Hähnchenspießen verteilen. Abgedeckt mindestens 4 Std. (besser noch über Nacht) im Kühlschrank marinieren.

3 Dann den Holzkohlegrill anheizen und den Grillrost mit dem übrigen Olivenöl (2 EL) einpinseln. Oder das Öl in einer (Grill-)Pfanne erhitzen.

4 Die Spieße auf den Rost legen und über der heißen Glut auf jeder Seite 3–4 Min. grillen, bis sie goldbraun sind. Oder die Hähnchenspieße in der Pfanne bei großer Hitze auf dem Herd braten. Perfekt dazu: Reis und eine Joghurtsauce sowie klein geschnittene Tomaten, Gurke und Salatblätter.

MARINIERTE LAMM-CHOPS

Auch Lammfleisch ist in der arabischen Küche erlaubt. Zarte Koteletts aus der Pfanne mit Knoblauch und reichlich Kräutern sind besonders beliebt.

• • •

FÜR 4 PERSONEN
ZUBEREITUNG: 25 MIN.
MARINIEREN: 4 STD.
PRO PORTION: CA. 475 KCAL

500 g Lammkoteletts
2 Knoblauchzehen
3 Stängel Minze
3 Stängel glatte Petersilie
½ Bio-Orange
grobes Meersalz, Pfeffer
60 ml Olivenöl

1 Die Lammkoteletts kalt abbrausen, um eventuelle Knochensplitter zu entfernen, und mit Küchenpapier trocken tupfen. Den Knoblauch schälen und fein hacken. Die Minze und Petersilie abbrausen und trocken schütteln, die Blättchen abzupfen und ebenfalls fein hacken. Die Orange heiß waschen und abtrocknen, die Schale fein abreiben.

2 Die Orangenschale mit Knoblauch und Kräutern vermischen. Mit 1 TL grobem Meersalz und Pfeffer würzen, 5 EL Olivenöl unterrühren. Die Koteletts rundherum mit etwas Marinade einreiben und nebeneinander in eine flache Schale legen, die restliche Marinade darüber verteilen. Abgedeckt mindestens 4 Std. (besser noch über Nacht) im Kühlschrank marinieren.

3 Dann in einer großen (gusseisernen) (Grill-)Pfanne das restliche Olivenöl (1 EL) erhitzen. Darin die Lammkoteletts bei mittlerer Hitze 4–5 Min. auf jeder Seite braten. Die Pfanne vom Herd nehmen, mit Alufolie abdecken und die Koteletts vorm Servieren 5 Min. ruhen lassen. Dazu passen Gewürzgurkensalat (siehe S. 139) und eine Minze-Joghurt-Sauce (siehe S. 133).

MINZE-JOGHURT-SAUCE

Diese erfrischende Sauce schmeckt hervorragend zu Falafel, Fleisch und auch – anstelle von Ketchup & Co. – zu einem Burger. Unbedingt probieren!

• • •

FÜR 4 PERSONEN
ZUBEREITUNG: 15 MIN.
PRO PORTION: CA. 80 KCAL

1 Bund Minze
1 Bund Koriandergrün
1 Stück Ingwer (ca. 2 cm lang)
1 Knoblauchzehe
1 kleine grüne Chilischote
250 g Joghurt
Saft von ½ Zitrone
1 TL gemahlener Kreuzkümmel
Meersalz
1 Spritzer Agavendicksaft
(ersatzweise flüssiger Honig)

1 Die Minze und den Koriander abbrausen und trocken schütteln, die Blättchen abzupfen. Den Ingwer und Knoblauch schälen und in grobe Stücke schneiden. Chilischote halbieren und die Kerne entfernen, die Hälften waschen und ebenfalls in grobe Stücke schneiden.

2 Alle vorbereiteten Zutaten in einen hohen Rührbecher geben und mit einem Pürierstab zu einer Paste verarbeiten. Oder alles im Mixer fein zerkleinern.

3 In einer Schüssel den Joghurt mit dem Zitronensaft, dem Kreuzkümmel, 1 TL Meersalz und dem Agavendicksaft glatt verrühren. Die Minzepaste unter den Joghurt rühren und die Sauce mit Meersalz abschmecken.

PERSISCHER REIS

Gelber Gewürzreis ist eine typische Beilage zu allerlei Halal-Gerichten. An den Foodtrucks einfach nach Fleisch, Fisch oder Gemüse »over rice« fragen.

FÜR 4 PERSONEN
ZUBEREITUNG: 25 MIN.
PRO PORTION: CA. 290 KCAL

250 g Langkornreis
1 EL Butter
1 EL Sonnenblumenöl
½ TL gemahlener Kreuzkümmel
1 TL gemahlene Kurkuma
500 ml Gemüsefond (aus dem Glas)
Meersalz, Pfeffer
2 Stängel glatte Petersilie

1 Den Reis in ein Sieb geben und gründlich kalt abbrausen, gut abtropfen lassen. Die Butter zusammen mit dem Sonnenblumenöl in einem Topf erhitzen. Darin Kreuzkümmel und Kurkuma ca. 1 Min. unter Rühren andünsten.

2 Den Reis unter die Gewürzbutter rühren und mit dem Gemüsefond aufgießen. Den Reis abgedeckt bei mittlerer Hitze 15–20 Min. köcheln lassen, bis er die Flüssigkeit vollständig aufgenommen hat. Dabei immer wieder umrühren, damit der Reis nicht am Topfboden kleben bleibt.

3 Die Petersilie abbrausen und trocken schütteln, Blättchen abzupfen und fein hacken. Den Reis mit Meersalz und Pfeffer würzen und die Petersilie untermischen. Vor dem Servieren den persischen Reis noch mit einer Gabel auflockern.

TABOULEH-PASTA-SALAT

Tabouleh wird oft zu Hähnchen, Lamm oder Falafel serviert. Kombiniert man den Salat mit Nudeln, geht er solo als sättigendes Hauptgericht durch.

• • •

FÜR 4 PERSONEN
ZUBEREITUNG: 25 MIN.
PRO PORTION: CA. 320 KCAL

200 g reisförmige Nudeln (z. B. Orzo oder Kritharaki)
Meersalz
1 Bund Minze
1 Bund glatte Petersilie
250 g kleine Tomaten (z. B. Datteltomaten, Roma-Rispentomaten, Kirschtomaten)
½ Salatgurke
1 Bund Frühlingszwiebeln
Saft von 1 Zitrone
1 TL Agavendicksaft
Pfeffer
4 EL Olivenöl

1 Die Nudeln nach Packungsanweisung in Salzwasser in ca. 8 Min. bissfest garen. Dann in einem Sieb abschrecken und abtropfen lassen, in eine große Schüssel geben.

2 Die Minze und Petersilie abbrausen und trocken schütteln, die Blättchen abzupfen und nicht zu fein hacken. Die Tomaten waschen und in kleine Würfel schneiden, dabei nach Belieben entkernen. Die Gurke schälen, längs halbieren, entkernen und ebenfalls klein würfeln. Alles zu den Nudeln geben.

3 Die Frühlingszwiebeln putzen, waschen und in feine Ringe schneiden. Nach Wunsch im Sieb kurz mit kochend heißem Wasser übergießen, so werden die Zwiebeln milder und bekömmlicher. Frühlingszwiebeln ebenfalls in die Schüssel geben.

4 Zitronensaft mit Agavendicksaft, eventuell 1 Schuss Wasser, Meersalz und Pfeffer verrühren, das Olivenöl unterschlagen. Das Dressing zu den Salatzutaten geben und alles vorsichtig vermischen. Den Salat mit Meersalz und Pfeffer abschmecken.

FALAFEL

Die meisten Halal-Gerichte sind fleischlastig: Chicken, Lamb oder Beef kommen ganz klar an erster Stelle. Eine herrliche vegetarische Alternative sind Falafel. Zusammen mit cremigem Hummus und einem erfrischenden Gurkensalat (beides auf den nächsten Seiten zu finden) sind sie nicht nur eine vollwertige Mahlzeit, sondern auch noch ausgesprochen köstlich.

• • •

FÜR 4 PERSONEN
ZUBEREITUNG: 40 MIN.
KÜHLEN: 1 STD.
PRO PORTION: CA. 350 KCAL

1 Dose Kichererbsen (ca. 240 g Abtropfgewicht)
1 kleine rote Zwiebel
1 Knoblauchzehe
3 Stängel glatte Petersilie
1 Eigelb (M)
2 EL Kichererbsenmehl (bei Bedarf noch etwas mehr, ersatzweise Weizenmehl Type 405)
2 EL Semmelbrösel
Meersalz, Pfeffer
1 TL gemahlener Kreuzkümmel

500 ml Sonnenblumenöl zum Frittieren

TIPP
MÖCHTEN SIE AUCH NOCH HUMMUS UND GURKENSALAT ZUBEREITEN, DIE FERTIGEN FALAFEL INZWISCHEN UNTER ALUFOLIE IM 100° HEISSEN BACKOFEN WARM HALTEN.

1 Die Kichererbsen in ein Sieb abgießen und mit kaltem Wasser abbrausen, abtropfen lassen. Zwiebel und Knoblauch schälen und in kleine Würfel schneiden. Petersilie abbrausen und trocken schütteln, die Blättchen abzupfen.

2 Die Kichererbsen mit Zwiebel, Knoblauch und Petersilie in einen hohen Rührbecher geben. Alles mit dem Pürierstab zu einer feinen, cremigen Masse pürieren. Die Kichererbsenmasse in eine Schüssel umfüllen.

3 Das Eigelb, das Kichererbsenmehl und die Semmelbrösel in die Schüssel geben. Alles mit den Händen gut durchkneten. Die Masse sollte am Ende keinesfalls zu klebrig sein, daher bei Bedarf noch ein bisschen mehr Mehl hinzufügen. Kräftig mit Meersalz, Pfeffer und Kreuzkümmel würzen. Die Falafelmasse abgedeckt mindestens 1 Std. in den Kühlschrank stellen.

4 Dann in einer großen Pfanne Sonnenblumenöl auf 180° erhitzen. Hält man ein Holzstäbchen hinein und es bilden sich sofort Bläschen, ist die Temperatur genau richtig. Inzwischen aus der Falafelmasse kleine Kugeln (ca. 3 cm Ø) formen.

5 Die Falafel in das heiße Öl geben und darin rundherum in 4–5 Min. knusprig braun frittieren. Mit einem Schaumlöffel aus dem Öl heben und auf Küchenpapier entfetten. Dann die Falafel auf Teller verteilen und servieren.

HUMMUS

Wer das Hummus bereits am Vortag zubereiten mag, bewahrt es am besten – mit einer dünnen Schicht Öl bedeckt – in einem luftdichten Behälter auf.

• • •

FÜR 4 PERSONEN
ZUBEREITUNG: 10 MIN.
PRO PORTION: CA. 390 KCAL

1 Dose Kichererbsen
(ca. 240 g Abtropfgewicht)
1 Knoblauchzehe
Saft von ½ Zitrone
2 EL Tahin (Sesampaste)
½ TL gemahlener Kreuzkümmel
60 ml Olivenöl
Meersalz

1 Die Kichererbsen in ein Sieb abgießen und mit kaltem Wasser abbrausen, abtropfen lassen. Den Knoblauch schälen und in kleine Würfel schneiden.

2 Die vorbereiteten Zutaten mit Zitronensaft, Tahin und dem Kreuzkümmel in einen hohen Rührbecher geben. Alles mit dem Pürierstab zu einer feinen, cremigen Masse pürieren, dabei nach und nach das Olivenöl dazugießen.

3 Zum Schluss noch 2 EL Eiswasser unter das Hummus rühren – so wird es schön geschmeidig. Mit Meersalz würzen. Passt perfekt zu Falafel (siehe S. 136).

GEWÜRZGURKENSALAT

Pickled Cucumbers stehen in den USA ganz hoch im Kurs. Auf dem Burger oder dem Hot Dog kennt man sie schon lange, nicht aber im Salat.

• • •

FÜR 4 PERSONEN
ZUBEREITUNG: 10 MIN.
PRO PORTION: CA. 80 KCAL

1 Glas Gewürzgurken (ca. 360 g Abtropfgewicht)
4 Stängel Minze
1 Schalotte
1 TL Agavendicksaft
¼ TL Chilipulver
¼ TL gemahlener Kreuzkümmel
2 EL mildes Olivenöl
Meersalz, Pfeffer

TREND REZEPT

1 Die Gurken in ein Sieb abgießen, dabei ca. 2 EL Gurkenwasser fürs Dressing auffangen. Die Gewürzgurken in dünne Scheiben schneiden und in eine Schüssel geben.

2 Die Minze abbrausen und trocken schütteln, die Blättchen abzupfen und nicht zu fein hacken. Die Schalotte schälen und in sehr feine Ringe schneiden. Beides zu den Gewürzgurken geben und alles vermischen.

3 Das aufgefangene Gurkenwasser mit Agavendicksaft, Chilipulver, Kreuzkümmel, Olivenöl, Meersalz und Pfeffer in das Gurkenglas geben. Das Glas verschließen und kräftig schütteln, bis sich alle Zutaten gut miteinander vermischt haben. Das Dressing mit Meersalz und Pfeffer abschmecken und über die Salatzutaten gießen. Den Salat noch einmal vorsichtig durchmengen, dann servieren – am besten mit Falafel (siehe S. 136).

PITA-BROT

Das aus dem Nahen Osten stammende Fladenbrot ist ein wahres Allroundtalent: Es wird sowohl als Beilage zu vielen Mahlzeiten gereicht, dient aber auch als »Tellerersatz«, da es wunderbar gefüllt werden kann.

FÜR 8 BROTE
ZUBEREITUNG: 25 MIN.
RUHEN: 2 STD.
BACKEN (PRO BLECH): 10 MIN.
PRO STÜCK: CA. 180 KCAL

1 Pck. Trockenhefe
½ TL Rohrzucker
420 g Mehl
Meersalz

Mehl zum Arbeiten

UNBEDINGT MAL PROBIEREN!
ZUM SERVIEREN IN DIE PITA-BROTE TASCHEN EINSCHNEIDEN UND BEFÜLLEN: ZUM BEISPIEL MIT SALAT-MIX, FALAFEL (SIEHE S. 136) UND HUMMUS (SIEHE S. 138) ODER MIT GEGRILLTEM HÄHNCHENFLEISCH (SIEHE S. 130) UND EINER MINZE-JOGHURT-SAUCE (SIEHE S. 133).

• • •

1 In einer großen Rührschüssel die Trockenhefe mit dem Zucker vermischen und mit 270 ml lauwarmem Wasser verrühren, dann 2 EL Mehl über das Hefe-Zucker-Wasser streuen. Den Vorteig abgedeckt an einem warmen Ort ca. 15 Min. ruhen lassen, bis das Mehl anfängt »aufzubrechen«.

2 Nun das übrige Mehl und 1 TL Meersalz hinzufügen und alles mit dem Knethaken der Küchenmaschine (oder des Handrührgeräts) in mindestens 5 Min. zu einem glatten Teig verkneten. Den Teig zu einer Kugel formen, mit Mehl bestäuben und 1 Std. gehen lassen..

3 Sobald der Teig sein Volumen verdoppelt hat, auf einer bemehlten Arbeitsfläche kräftig durchkneten. Dann aus dem Teig 8 gleich große Kugeln formen, mit einem Geschirrtuch abdecken und weitere 15 Min. gehen lassen.

4 Anschließend zwei Backbleche mit Backpapier auslegen. Jede Teigkugel zunächst mit dem Handballen flach drücken, dann zu einem ½ cm dicken Fladen auseinanderziehen. Die Fladen auf die Bleche legen und abgedeckt nochmals 30 Min. gehen lassen. Den Backofen auf 220° vorheizen.

5 Das erste Blech in den Ofen (2. Schiene von oben) schieben und die Fladen ca. 10 Min. backen, bis sie schön gebräunt sind. Herausnehmen und auf einem Kuchengitter abkühlen lassen. Mit dem zweiten Blech ebenso verfahren.

DUMBO

SUSTAINABLE SEAFOOD

Weiß man nicht, wie man ein Viertel nennen soll, bietet sich die Beschreibung der Lage an: **Down Under the Manhattan Bridge Overpass**. *Weil das aber unglaublich lang ist und in New York vieles schnell gehen muss, heißt es abgekürzt einfach »DUMBO«. Direkt am East River gelegen kann man von dort einen spektakulären Blick auf Manhattan genießen.*

DUMBO
west elm
FRONT St
DO NOT ENTER

DUMBO – ANGESAGTER HOTSPOT MIT AUSSICHT

Gleich drei Brücken überqueren den East River und verbinden Brooklyn mit Manhattan: die Williamsburg Bridge, die Manhattan Bridge und die Brooklyn Bridge. Und zwei dieser gigantischen Brücken liegen in Dumbo, weshalb man um einen Besuch hier auch nicht herumkommt.

Dumbo oder auch »Down Under the Manhattan Bridge Overpass« ist einer der beliebtesten Orte in Brooklyn. Warum das so ist, wird einem spätestens dann klar, wenn man am Ufer des East River steht und auf die Skyline von Lower Manhattan schaut. Der Blick ist spektakulär und vor allem am Abend, wenn die Sonne untergeht, versammeln sich im Brooklyn Bridge Park wahre Horden an Profi- und Hobby-Fotografen, um von dort das perfekte Foto von der Brooklyn Bridge samt Skyline im Hintergrund zu schießen. Nicht weniger beliebt ist die Washington Street. Hier kommt zwischen der Front Street und der Water Street der Verkehr regelmäßig zum Erliegen, weil Touristen und auch Einheimische immer wieder auf die Straße hüpfen, um ein Foto von der Manhattan Bridge zu machen, zwischen deren Pfeiler im Hintergrund das Empire State Building zu sehen ist.

VOM EINSTIGEN INDUSTRIEVIERTEL ZUM ANGESAGTEN HOTSPOT

Noch vor gar nicht allzu langer Zeit war Dumbo ein reines Industrieviertel, in dem nur wenige Menschen tatsächlich auch lebten. Kleine, dunkle Straßen mit Kopfsteinpflaster, stillgelegte Gleisabschnitte sowie alte Fabrikhallen lassen das Viertel auch heute noch leicht düster wirken. Doch das Stadtbild hat sich im Zuge der Deindustrialisierung Brooklyns gravierend geändert. Teure Läden und schicke Restaurants ziehen nicht nur die Young Hipsters an, sondern sind auch bei vielen Touristen äußerst beliebt. Wegen der großen Nachfrage nach Wohnraum wurden Fabrikhäuser zu nahezu unbezahlbaren Lofts und Wohneinheiten umgebaut. Wer für ein 20-Quadratmeter-Appartement rund 3 500 US-Dollar Miete pro Monat zahlen möchte, ist hier richtig. Das Ganze dafür dann aber immerhin mit eigenem Bad!

Lange Zeit scheuten sich Investoren und Hauseigentümer gleichermaßen, in Restaurants oder Läden in Dumbo Geld zu stecken. Die Angst, bei einem Hochwasser alles zu verlieren, war zu groß, denn immerhin ist der East River ein Meeresarm mit zum Teil starken Strömungen. Erst der äußerst rasant zunehmende Beliebtheitsgrad dieses kleinen Viertels in Brooklyn und die damit verbundene Aussicht auf gut laufende

Spektakuläre Sicht auf die Skyline von Manhattan – bei Tag und bei Nacht.

Geschäfte, rückte die Furcht vor Verlust in den Hintergrund. Heute ist insbesondere die Gegend rund um die Water Front voll mit Speiselokalen, Cafés und teuren Boutiquen, und überall scheinen neue Läden aus dem Boden zu schießen.

> *Von früh morgens bis spät abends – Dumbo ist vor allem bei den Touristen äußerst beliebt!*

GUTE 1,8 KILOMETER VON DUMBO NACH MANHATTAN

Die zwischen 1870 und 1883 erbaute Brooklyn Bridge gilt mittlerweile längst als eines der Wahrzeichen von New York. Gleich auf zwei Ebenen kann man hier den East River überqueren: auf der unteren mit dem Auto, auf der oberen zu Fuß oder mit dem Fahrrad. Und weil der Blick von dort auf die Skyline Manhattans so spektakulär ist, ist das Passieren der Brooklyn Bridge bei einem Besuch in Dumbo, New York, auch ein absolutes Muss. Wir brauchen dafür statt der angekündigten 45 Minuten fast doppelt so lang. Alle paar Meter bleiben wir mit offenen Mündern und staunendem Blick stehen, ob der Aussicht, die sich uns bietet. Wir können uns einfach nicht sattsehen an Manhattan mit seinen unglaublich beeindruckenden Wolkenkratzern, in deren Fenstern sich das Licht der Sonne bricht.

Der Spaziergang über die Brooklyn Bridge ist definitiv das bisher größte Highlight unserer New-York-Reise. Wir sind glücklich und zufrieden, müde und sehr hungrig. Wie gut, dass es in Dumbo eines der besten Fischrestaurants der Stadt gibt: Im »Seamore's« genießen wir köstlichen Fisch aus heimischen Fängen.

Imposant und ein absolutes Muss bei einem Besuch in New York: ein Spaziergang über das Wahrzeichen der Stadt, die Brooklyn Bridge.

Oben: Zwischen den Häuserzeilen von Dumbo erhascht man immer wieder einen Blick auf Manhattan. | Rechts: Lobster gefällig? In Dumbo bekommt man Fisch und Meeresfrüchte in bester Qualität.

Im Restaurant »Seamore's« im Stadtviertel Dumbo bekommt man jederzeit fangfrisches Seefood. Serviert wird, was die Fischer am selben Tag an Land gezogen haben.

SUSTAINABLE SEAFOOD

Städte direkt am Meer haben ja in meinen Augen einen ganz besonderen Charme. Ein Blick auf die See weckt Sehnsüchte, und man fühlt sich frei, während einem eine salzige Meeresbrise um die Nase weht. Und in nahezu allen Städten, die am Wasser liegen, gibt es reichlich Seafood. So auch in New York. Die Transportwege sind kurz, sodass Fisch und Meeresfrüchte immer ganz frisch zuerst in der (Restaurant-)Küche, dann fein zubereitet auf dem Teller landen. Kein Wunder also, wenn die Nachfrage groß ist.

Gott sei Dank hat sich in den vergangenen zwei Jahrzehnten in Sachen Fischfang und -angebot einiges getan. Das Bewusstsein darüber hat sich stark verändert. Während früher gefischt und gefangen wurde, was der Ozean hergab, setzt man heute auf Nachhaltigkeit. Seit den frühen 1990er Jahren spielt Umweltbewusstsein auch beim Thema Fisch eine große Rolle. Das bedeutet zum einen, dass Restaurants und ihre Betreiber sich möglichst mit regional gefangenem Seafood versorgen, auch um das Überleben der ortsansässigen Fischereibetriebe zu sichern. Zum anderen kaufen sie Fisch und Meeresfrüchte, die in artgerechten, naturnahen Aquakulturen gezüchtet wurden, um so das Ökosystem der Meere zu schonen und das Überleben der Fischarten zu gewährleisten.

Das Restaurant »Seamore's« in Dumbo, Brooklyn, baut genau darauf: 100 Prozent Nachhaltigkeit in Sachen Fisch (Sustainable seafood) – mit Rezepten,

Auch leckere Drinks gibt es im »Seamore's«.

die gesund sind und Spaß machen. Der Laden ist hell und freundlich, die Kellner tragen Fischermützen, und an der Wand hängt eine große Tafel, auf der die heimischen Fischarten zu sehen sind. Nicht jeder Fisch ist jeden Tag zu haben, darum sucht man sich für sein Gericht einen von den »Daily Landings« aus.

Unser Fisch-Highlight: »Beer Battered Fish« mit einer feinwürzigen Remoulade. Allerdings war der »Kale Avocado Salad with Honey Apple Vinaigrette & Smoked Trout« auch richtig gut. Und der »Shrimp Pancake with Lemon Aioli« ebenfalls. Am besten: Einmal alles, bitte!

PULLED SALMON SANDWICH

• • •

FÜR 4 PERSONEN
ZUBEREITUNG: 35 MIN.
PRO PORTION: CA. 1015 KCAL

1 Stück Lachsfilet (ca. 750 g, ohne Haut)
Meersalz, Pfeffer
3 EL Butter
80 g flüssiger Honig
80 g Chilisauce (z. B. Sriracha)
2 EL helle Sojasauce
Saft von ½ Zitrone
1 Knoblauchzehe

4 Stängel Dill
2 EL Mayonnaise
2 TL Dijon-Senf
150 g Joghurt
1 EL Zitronensaft
1 TL flüssiger Honig
Meersalz, Pfeffer

4 große Salatblätter
½ Bio-Salatgurke
4 Brötchen (Sorte nach Wahl)

TIPP
DER LACHS HÄLT SICH IM KÜHLSCHRANK BIS ZUM NÄCHSTEN TAG UND SCHMECKT AUCH KALT GANZ HERVORRAGEND.

1 Den Backofen auf 200° vorheizen, ein Backblech mit Alufolie auslegen. Den Lachs kalt abbrausen, mit Küchenpapier trocken tupfen, auf das Blech setzen. Mit Meersalz und Pfeffer würzen. Folie rundherum hochbiegen und einen kleinen Rand formen.

2 Die Butter in einem kleinen Topf schmelzen. Honig, Chilisauce, Sojasauce und Zitronensaft unterrühren. Den Knoblauch schälen und dazupressen. Die Sauce bei kleiner Hitze 3–4 Min. köcheln lassen, dabei gelegentlich umrühren.

3 Den Lachs mit zwei Dritteln der Sauce einpinseln und im Ofen (Mitte) 15 Min. garen. Dann die restliche Sauce über dem Lachs verteilen, die Grillfunktion des Ofens einschalten und den Lachs 3–4 Min. grillen. Dabei unbedingt aufpassen, dass der Lachs nicht verbrennt, falls nötig früher aus dem Ofen holen. Etwas abkühlen lassen.

4 Während der Lachs im Backofen ist, die Honig-Senf-Sauce zubereiten. Dafür den Dill abbrausen und trocken schütteln, die Blättchen abzupfen und fein hacken. Mit Mayonnaise, Senf, Joghurt, Zitronensaft und dem Honig zu einer cremigen Sauce verrühren. Mit Meersalz und Pfeffer würzen, kalt stellen.

5 Die Salatblätter abbrausen und trocken schütteln. Die Gurke waschen und der Länge nach in dünne Scheiben hobeln. Den Lachs mit Hilfe von zwei Gabeln grob zerzupfen.

6 Die Brötchen aufschneiden und die unteren Hälften mit Salat, Gurke und Lachs belegen und jeweils 1 EL Honig-Senf-Sauce darüber verteilen. Die oberen Brötchenhälften daraufklappen und die Sandwiches servieren.

GARNELEN-PANCAKE

• • •

FÜR 4 PERSONEN
ZUBEREITUNG: 40 MIN.
RUHEN: 30 MIN.
PRO PORTION: CA. 730 KCAL

2 Knoblauchzehen
1 Ei (M)
Saft von ½ Zitrone (eventuell noch etwas mehr zum Abschmecken)
Meersalz
200 ml Olivenöl

150 g Mehl
2 EL Speisestärke
½ TL Zucker
(Knoblauch-)Meersalz
¼ TL weißer Pfeffer
1 Ei (M)
1 Bund Frühlingszwiebeln
1 rote Chilischote
½ Bund Koriandergrün
200 g große rohe Garnelen (küchenfertig)

250 ml Sonnenblumenöl zum Ausbacken
ein paar Zitronenspalten zum Servieren

TIPP
STATT EINEM GROSSEN PFANNKUCHEN KANN MAN AUCH MEHRERE KLEINE PFANNKUCHEN BACKEN, DIE IN DER PFANNE LEICHTER ZU WENDEN SIND.

1 Für die Aioli den Knoblauch schälen, grob hacken und in einen hohen Rührbecher geben. Das Ei, den Zitronensaft und 1 gute Prise Meersalz dazugeben und alles mit dem Pürierstab fein zerkleinern. Dabei langsam und kontinuierlich das Olivenöl dazugießen, bis die Masse dickcremig wird. Mit Meersalz und eventuell noch etwas Zitronensaft abschmecken. Kalt stellen.

2 Für den Pfannkuchen in einer großen Rührschüssel das Mehl mit der Speisestärke, Zucker, 1 TL (Knoblauch-)Meersalz und weißem Pfeffer vermischen. Das Ei und 225 ml kaltes Wasser dazugeben. Alles mit einem Schneebesen oder mit den Rührbesen des Handrührgerätes zu einem glatten, dickflüssigen Teig verrühren. Abgedeckt ca. 30 Min. ruhen lassen.

3 Frühlingszwiebeln putzen, waschen und in sehr feine Ringe schneiden. Die Chilischote halbieren, Kerne entfernen, die Hälften waschen und in feine Streifen schneiden. Beides unter den Teig mischen. Koriander abbrausen und trocken schütteln, die Blättchen abzupfen und grob hacken. Die Garnelen kalt abbrausen, trocken tupfen und der Länge nach halbieren. Mit wenig (Knoblauch-)Meersalz würzen.

4 In einer großen Pfanne (ca. 35 cm Ø) das Sonnenblumenöl erhitzen. Den Teig in die Pfanne gießen und gleichmäßig darin verteilen. Die Garnelen auf dem Teig verteilen und leicht eindrücken, den Koriander darüberstreuen. Den Pfannkuchen bei mittlerer Hitze 3–4 Min. backen, dabei die Pfanne immer wieder leicht hin- und herrütteln. Sobald der Pfannkuchen auf der Unterseite goldbraun ist, vorsichtig wenden (am besten mit Hilfe eines großen Tellers) und in 3–4 Min. fertig backen.

5 Den Pfannkuchen aus der Pfanne auf ein Stück Küchenpapier stürzen und entfetten. Den Pfannkuchen vierteln, mit der Aioli und den Zitronenspalten auf Teller verteilen und als Snack, Vorspeise oder auch – mit einem bunt gemischten Salat – als Hauptspeise servieren.

AVOCADOMOUSSE MIT THUNFISCH

Ganz klar, dass so etwas in New Yorks Küchen keinesfalls fehlen darf: Alleine die Kombination von Avocado und Thunfisch ist schon eine echte Sensation. Zusammen mit Rucola, Kapern und Pistou wird das Ganze dann aber noch zu einem oscarverdächtigen Highlight!

• • •

FÜR 4 PERSONEN
ZUBEREITUNG: 35 MIN.
PRO PORTION: CA. 950 KCAL

1 großes Bund Basilikum
Meersalz
1 Knoblauchzehe
100 ml Olivenöl (falls nötig noch etwas mehr)
Pfeffer

2 vollreife Avocados (am besten die Sorte Hass)
1 EL Zitronensaft
Meersalz, Pfeffer

500 g sehr frisches Thunfischfilet (Sushi-Qualität!)
3 EL Olivenöl
Meersalz, Pfeffer

100 g Rucola
1 EL Olivenöl
1 EL Butter
4 kleine dicke Scheiben Sauerteigbrot
2 EL Kapern

1 Für das Pistou Basilikum abbrausen und trocken schütteln, die Blättchen abzupfen. In einen Topf ca. 5 cm hoch Wasser füllen, salzen und aufkochen. Darin das Basilikum 8–10 Sek. blanchieren, dann die Blätter in ein Sieb abgießen und in einer Schüssel mit Eiswasser abschrecken. In ein Sieb abgießen und abtropfen lassen, mit Küchenpapier gut trocken tupfen.

2 Den Knoblauch schälen, grob hacken und mit Basilikum, 1 gut gehäuften TL Meersalz und dem Olivenöl (100 ml) in einen hohen Rührbecher geben. Alles mit dem Pürierstab fein pürieren. Mit Meersalz und Pfeffer abschmecken und eventuell noch etwas Olivenöl hinzufügen. Das Pistou sollte vom Löffel tropfen und nicht zu dickcremig sein.

3 Für die Mousse die Avocados der Länge nach halbieren und entkernen. Das Fruchtfleisch mit einem Esslöffel aus der Schale lösen und mit einer Gabel zerdrücken. Zitronensaft unterrühren und die Mousse mit Meersalz und Pfeffer abschmecken.

4 Für das Tatar das Thunfischfilet in möglichst feine Würfel schneiden, mit Olivenöl (3 EL) vermischen und mit Meersalz und Pfeffer würzen.

5 Den Rucola abbrausen und trocken schleudern, dicke Stiele abschneiden. In einer großen Pfanne das Olivenöl (1 EL) und die Butter erhitzen. Darin die Brotscheiben auf beiden Seiten goldbraun rösten. Die Avocadomousse und das Thunfischtatar auf Teller verteilen, Rucola und Kapern darübergeben und alles mit Pistou beträufeln. Mit dem Brot servieren.

GRÜNKOHL-AVOCADO-SALAT MIT RÄUCHERFORELLE

Neben Avocado ist in New York Grünkohl sicherlich das Trendgemüse schlechthin. Man unterscheidet hier zwischen herkömmlichem Grünkohl und »Baby-Kale«, der deutlich zartere Blätter hat.

• • •

FÜR 4 PERSONEN
ZUBEREITUNG: 40 MIN.
PRO PORTION: CA. 800 KCAL

150 g Süßkartoffeln
2 EL Olivenöl
grobes Meersalz
150 g weiße Quinoa
4 Stängel Grünkohl
50 g Walnusskerne

1 TL flüssiger Honig
3 EL Apfelessig
5 EL Olivenöl
Meersalz, Pfeffer

2 vollreife Avocados (am besten die Sorte Hass)
200 g geräuchertes Forellenfilet

AUSTAUSCH-TIPP
WER GRÜNKOHL NICHT MAG, KANN DEN SALAT AUCH MIT MANGOLD ODER BLATTSPINAT ZUBEREITEN. UND ALS FEINE ALTERNATIVE ZU FORELLE BIETEN SICH GERÄUCHERTER SAIBLING ODER LACHS AN.

1 Den Backofen auf 200° vorheizen, ein Backblech mit Backpapier auslegen. Die Süßkartoffeln schälen, in ca. 2 cm große Würfel schneiden und mit 1 EL Olivenöl sowie ¼ TL grobem Meersalz vermischen. Die Süßkartoffeln auf dem Blech verteilen und im Ofen (2. Schiene von oben) ca. 25 Min. rösten, bis sie leicht gebräunt und weich sind.

2 Inzwischen die Quinoa in ein Sieb geben, abbrausen und abtropfen lassen. Mit 300 ml Wasser in einen Topf geben, salzen und aufkochen. Die Quinoa in ca. 10 Min. gar köcheln lassen, dabei zwischendurch umrühren, dann abgießen.

3 Den Grünkohl gründlich waschen und trocken schütteln. Die Blätter von den Stielen zupfen (alle faserigen Teile entfernen) und in dünne Streifen schneiden. In einer Pfanne das übrige Olivenöl (1 EL) erhitzen. Darin den Kohl 3–4 Min. andünsten.

4 Süßkartoffeln, Quinoa und Grünkohl in eine große Schüssel geben. Die Nüsse grob hacken und ebenfalls in die Schüssel geben. Honig, Apfelessig, 1–2 EL Wasser, Olivenöl (5 EL), Meersalz und Pfeffer kräftig verrühren und das Dressing über die Salatzutaten gießen. Alles vorsichtig durchmischen.

5 Die Avocado längs halbieren und entkernen. Fruchtfleisch mit einem Esslöffel möglichst in einem Stück aus der Schale lösen, die Hälften quer in Scheiben schneiden. Die Forellenfilets in Stücke zupfen. Beides mit dem Salat servieren.

ANGEL-HAIR-PASTA MIT GARNELEN

Ganz simpel, aber einfach unwiderstehlich gut. Dieses Gericht ist Soulfood pur! Der einzigartige Clou bei dieser Garnelen-Pasta ist die gesalzene Butter, die man unbedingt verwenden sollte.

• • •

FÜR 4 PERSONEN
ZUBEREITUNG: 20 MIN.
PRO PORTION: CA. 580 KCAL

250 g Spaghettini
Meersalz
450 g große rohe Garnelen (küchenfertig)
4 Knoblauchzehen
1 rote Chilischote
125 g Rucola
1 Bund glatte Petersilie
120 g gesalzene Butter
50 g geriebener Parmesan
Pfeffer

Parmesan am Stück zum Servieren

1 Die Nudeln nach Packungsanweisung in Salzwasser bissfest garen, dann in einem Sieb abtropfen lassen und dabei etwas von dem Nudelkochwasser auffangen.

2 Inzwischen die Garnelen kalt abbrausen, trocken tupfen und mit ½ TL Meersalz würzen. Knoblauch schälen und fein hacken oder durch die Presse drücken. Chilischote halbieren, Kerne entfernen, die Hälften waschen und in feine Streifen schneiden. Den Rucola und die Petersilie abbrausen und trocken schütteln. Den Rucola von dicken Stielen befreien, Petersilienblättchen von den Stängeln zupfen, beides fein hacken.

3 In einer Pfanne 2 EL Butter schmelzen. Darin Knoblauch und Chili bei kleiner Hitze 3–5 Min. andünsten. Die Garnelen dazugeben und bei mittlerer Hitze ca. 3 Min. von jeder Seite braten, bis sie sich rosa färben. Die Pfanne vom Herd nehmen.

4 Restliche Butter in einer zweiten großen Pfanne schmelzen. Spaghettini dazugeben, gut durchschwenken und die Garnelen samt Knoblauch und Chili untermischen. Geriebenen Parmesan und das Nudelkochwasser untermengen, kräftig mit Meersalz und Pfeffer würzen, die gehackten Kräuter untermischen.

5 Die Nudeln auf große tiefe Teller verteilen und mit dem Parmesanstück auf den Tisch stellen, sodass sich jeder den Käse frisch über seine Pasta reiben oder hobeln kann.

BEER BATTERED FISH

Wer gebackenen Fisch essen möchte, geht am besten ins »Seamore's«. Dort werden – je nach »Catch of the day« – die unterschiedlichsten Fischsorten mit Bierteig ummantelt und knusprig frittiert. Dank der Kohlensäure im Bier wird der Teig zudem herrlich locker.

• • •

TREND REZEPT

FÜR 4 PERSONEN
ZUBEREITUNG: 30 MIN.
PRO PORTION: CA. 620 KCAL

2 Gewürzgurken
1 Schalotte
4 Stängel glatte Petersilie
1 EL Kapern
120 g Mayonnaise
50 g saure Sahne
1 EL körniger Senf
2 EL Gurkenwasser (von den Gewürzgurken)
Meersalz, Pfeffer
2 Prisen Zucker

180 g Mehl
2 TL Backpulver
2 EL Zucker
Meersalz, Pfeffer
2 Eier (M)
225 ml Bier (z. B. Helles)
1 kg Fischfilet (am besten mit festem weißem Fleisch, z. B. Kabeljau)

500 ml Sonnenblumenöl zum Frittieren
ein paar dicke Zitronenspalten zum Servieren

1 Für die Remoulade die Gewürzgurken in möglichst kleine Würfel schneiden. Schalotte schälen und ebenfalls fein würfeln. Petersilie abbrausen und trocken schütteln, Blättchen abzupfen und mit den Kapern fein hacken. Alles mit Mayonnaise, saurer Sahne, Senf und Gurkenwasser verrühren. Mit Meersalz, Pfeffer und Zucker abschmecken. Bis zum Servieren kalt stellen.

2 Für den Fisch in einer Schüssel 150 g Mehl mit Backpulver, Zucker, ½ TL Meersalz und wenig Pfeffer mischen. Die Eier dazugeben und unter Rühren nach und nach das Bier dazugießen. Alle Zutaten zu einem glatten Teig verrühren.

3 In einer großen Pfanne Sonnenblumenöl auf 180° erhitzen. Hält man ein Holzstäbchen hinein und es bilden sich sofort Bläschen, ist die Temperatur genau richtig. Inzwischen das Fischfilet gut trocken tupfen und in 4 gleich große Stücke schneiden. Das restliche Mehl (30 g) auf einen Teller geben und die Fischfiletstücke vorsichtig darin wenden.

4 Die Fischfiletstücke mithilfe von zwei Gabeln nacheinander in den Bierteig tauchen, in das heiße Öl geben und darin rundherum in 4–5 Min. knusprig braun frittieren. Dabei möglichst nur einmal wenden. Mit einem Schaumlöffel aus dem Öl heben und auf Küchenpapier entfetten.

5 Den gebackenen Fisch mit ein paar Zitronenspalten auf Teller verteilen. Die Remoulade direkt auf die Teller geben oder zuvor in extra Schälchen füllen.

EINGELEGTE ZITRONEN

FÜR 1 GLAS (12 STÜCKE)
ZUBEREITUNG: 15 MIN.
RUHEN: 3 TAGE + 3 WOCHEN
PRO STÜCK: CA. 5 KCAL

3 große Bio-Zitronen
Meersalz

1 Schraubglas (ca. 300 ml)

AROMAWUNDER
BEI DIESEN EINGELEGTEN ZITRONEN ISST MAN STATT DES FRUCHTFLEISCHES DIE SCHALE DER FRÜCHTE. DAS AROMA IST EINZIGARTIG! DIE ZUBEREITUNG IST NICHT SCHWER, WICHTIG IST NUR, DASS DIE ZITRONEN GUTE 3 WOCHEN IM SUD ZIEHEN, BEVOR MAN SIE VERWENDET.

• • •

1 Zitronen heiß waschen und die Stielansätze möglichst knapp abschneiden. Zitronen längs vierteln, dabei jedoch nicht ganz durchschneiden, und die Spalten leicht auseinanderdrücken.

2 Auf dem Boden des gereinigten Schraubglases 1 TL Meersalz verteilen. Jeweils 1 TL Meersalz in die Zitronen streuen. 1 Zitrone mit der offenen Seite nach unten in das Glas geben und mit 1 TL Meersalz bestreuen. Zweite Zitrone wieder mit der offenen Seite nach unten in das Glas geben und dabei so fest auf die erste Zitrone drücken, dass Saft austritt. 1 TL Meersalz darüberstreuen. Mit der letzten Zitrone ebenso verfahren.

3 Die Zitronen müssen so kräftig gedrückt werden, dass alle Zitronen in das Glas passen und ordentlich Saft austritt. Zum Schluss 1 TL Meersalz über die letzte Zitrone geben und das Glas mit Wasser auffüllen. Glas verschließen und die Zitronen 3 Tage bei Zimmertemperatur stehen lassen, dabei das Glas mehrmals täglich kurz umdrehen und leicht schütteln.

4 Dann die Zitronen noch mindestens 3 Wochen in den Kühlschrank stellen. Anschließend können die Zitronen weiterverarbeitet werden, sie passen z. B. sehr gut zu Fisch (siehe S. 165).

FISCH MIT TOMATEN-KAPERN-SAUCE

• • •

FÜR 4 PERSONEN
ZUBEREITUNG: 30 MIN.
PRO PORTION: CA. 195 KCAL

4 Fischfilets (à 150 g, z. B. Scholle oder Heilbutt)
Meersalz, Pfeffer
2 Schalotten
1 Knoblauchzehe
½ Bund glatte Petersilie
1 EL Olivenöl
1 EL Butter
2 EL Kapern
80 ml trockener Weißwein
1 Dose stückige Tomaten (400 g)
2 eingelegte Zitronen (8 Stücke, siehe S. 164; ersatzweise Salzzitronen aus dem Glas vom Feinkosthändler oder 2–3 EL Zitronensaft)

1 Die Fischfilets trocken tupfen und auf beiden Seiten mit wenig Meersalz und Pfeffer einreiben. Schalotten schälen und in dünne Ringe schneiden. Knoblauch schälen und fein hacken. Die Petersilie waschen und trocken schütteln, die Blättchen abzupfen und grob hacken.

2 In einer großen Pfanne Olivenöl und Butter erhitzen. Darin die Schalotten und den Knoblauch bei kleiner Hitze ca. 5 Min. dünsten. Die Kapern hinzufügen und mit einer Gabel leicht zerdrücken. Mit Weißwein ablöschen, einmal kräftig aufkochen, dann die Hitze wieder reduzieren.

3 Die Tomaten in die Pfanne geben, mit Meersalz und Pfeffer würzen und die Sauce 5 Min. köcheln lassen. Dann die Fischfilets in die Pfanne geben und mit etwas Sauce bedecken. Den Fisch abgedeckt in ca. 5 Min. gar ziehen lassen.

4 Inzwischen von den eingelegten Zitronen das Fruchtfleisch entfernen. Die Schalen gründlich waschen, in ca. 2 cm große Stücke schneiden und unter die Sauce rühren. Die Filets auf Teller verteilen und die Sauce darüberlöffeln, servieren. Dazu passen ein gemischter Blattsalat und knuspriges Weißbrot.

BEDFORD-STUYVESANT

SOUTHERN COMFORT FOOD

Einstmals elegante Klinkerbauten im Viktorianischen Stil, dazwischen Bars und Restaurants, Fastfoodketten, Shoppingcenter und kleine Geschäfte, Galerien und **das beste Southern Comfort Food in New York City** *– das alles findet man mitten in Brooklyn, in Bedford-Stuyvesant! Oder besser in Bed-Stuy, wie seine Bewohner das Viertel auch gerne nennen.*

BEDFORD-STUYVESANT – THE NEXT BIG THING

Bedford-Stuyvesant ist eine der größten und ältesten Black Communities in New York City und außerdem für seine ethnische Vielfalt bekannt. Hier findet man einen bunten Mix aus alter Tradition, wunderschönen, aber zum Teil heruntergekommenen Häuserfassaden und schillernden Persönlichkeiten.

Eingekeilt zwischen Williamsburg im Norden, Bushwick im Osten, Crown Heights im Süden und Clinton Hills im Westen, liegt Bedford-Stuyvesant mitten in Brooklyn. In den 20er und 30er Jahren des letzten Jahrhunderts zogen viele Farbige von Harlem nach Bedford-Stuyvesant. Auf der Suche nach mehr Platz und ruhigen Straßen war Bed-Stuy, wie das Viertel von seinen Bewohnern auch liebevoll genannt wird, eine Gegend die sie »ihr Eigen« nennen konnten. Heute ist das Viertel dicht besiedelt von Künstlern und jungen Leuten, und auch wenn die Farbigen nach wie vor die Mehrheit ausmachen, so wohnen in Bed-Stuy mittlerweile viele Europäer. Mit mehr als 100000 Einwohnern ist es eines der größten Viertel von Brooklyn.

Dennoch – kommt man als Weißer nach Bed-Stuy, wird einem schnell bewusst, dass man hier, allein aufgrund der Hautfarbe, der Exot ist. Diese Erkenntnis wirkt vielleicht zunächst komisch, nicht aber unangenehm. Wir begegnen den urigsten Typen mit Pelzkragen, Goldzähnen und mindestens ebenso dicken Goldketten. Stylish, unique, mega cool und entspannt – das ist Bed-Stuy, ein irgendwie schrulliges, aber zugleich immer angesagteres Stadviertel. Neue Restaurants, Bars und Geschäfte schießen an allen Ecken entlang der Straßen und Alleen aus dem Boden, und zugleich kann man dort immer noch Old-School-Block-Partys, Straßenkunst und historische Orte finden..

UP & COMING

Angrenzend an die ultra-hippen Viertel Bushwick und Williamsburg, hört der Mainstream in Bedford-Stuyvesant auf. Fragt man die Anwohner, so befindet man sich gerade »im Umbruch«. Weit entfernt vom glitzernden Downtown Manhattan, erlebt man in Bed-Stuy den New Yorker Alltag. Gangs hängen an Straßenecken ab, ein paar Häuser weiter dann ein schickes Café. Es passt nicht so ganz zusammen, möchte man meinen. Früher mied selbst die Polizei dieses Viertel. Das ist heute anders, denn man ist sich einig: »Bed-Stuy is the next big thing!« Ein bisschen mulmig ist uns, ehrlich gesagt, aber trotzdem zumute, als wir durch die Straßen von Bedford-Stuyvesant schlendern.

Südstaatenflair mitten in Brooklyn findet man im »Peaches HotHouse«.

Hauptverkehrsstraße ist zwar die Nostrand Avenue, aber die meisten Geschäfte findet man rund um die Fulton Street, die sich einmal quer durch Bedford-Stuyvesant zieht. Und ganz egal, ob kleine Galerien und Boutiquen, Fahrrad- oder Blumenläden – hier findet man alles, was das Herz begehrt. Doch das

> *Eine interessante Mischung aus Geschichte und Fortschritt – das ist Bed-Stuy. Und das ist es, was dieses Viertel so beliebt macht.*

Viertel hat noch einige weitere Vorzüge: immer noch bezahlbare Wohnungen, ausgedehnte Alleen, etliche kleine Parkanlagen sowie eine gute Anbindung an Lower Manhattan. Kein Wunder also, dass auch Berühmtheiten wie etwa die Rapper Jay Z, Mos Def und Lil' Kim, die Box-Legende Mike Tyson, die Sängerin Norah Jones oder der Schauspieler Chris Rock einst in Bed-Stuy wohnten.

SANDSTEINHÄUSER UND WOHLFÜHLKÜCHE

In Bed-Stuy weht noch der Duft des 20. Jahrhunderts durch die Straßen. Wir sind fasziniert von den vielen alten und doch gepflegten engen Häusern im viktorianischen Baustil, die sich dicht an dicht aneinanderreihen, und deren steinerne Treppenaufgänge offenbar zum Verweilen einladen. Eine Gruppe Jugendlicher rauscht auf ihren Skateboards an uns vorbei; aus einem der winzigen Vorgärten steigt dichter Rauch von feuchter Grillkohle auf. Wir erkundigen uns, wo wir die beste Südstaatenküche, das für das Viertel typische Southern Comfort Food, finden können und bekommen den perfekten Tipp: das »Peaches HotHouse«!

Typischer Straßenzug in Bedford-Stuyvesant: Häuser im Viktorianischen Baustil mit edlen Treppenaufgängen.

Oben: Schräg, bunt und farbenfroh – in Bedford-Stuyvesant sind vor allem die Afroamerikaner zu Hause. | Rechts: Markante Persönlichkeiten und einzigartige Charaktere – auch das ist Bed-Stuy.

Ein Platz im »Peaches HotHouse« ist heiß begehrt. Selbst bei den eisigsten Temperaturen reicht die Schlange der Wartenden bis weit auf den Bürgersteig hinaus.

SOUTHERN COMFORT FOOD

Der Begriff »Comfort Food« oder auch »Soul Food« beschreibt vor allem die Küche der Südstaaten der USA. Dazu zählen Louisiana, Mississippi, Alabama, Georgia, South Carolina und Florida. Anders als man vielleicht meinen mag, zählt die Südstaatenküche zu den abwechslungsreichsten Küchen überhaupt. Das liegt zum einen an den klimatischen Gegebenheiten, vor allen Dingen jedoch an den vielen verschiedenen kulturellen Einflüssen: Zutaten der Region, wie etwa Bohnen, Mais und Kürbis, die im Landesinneren gedeihen, oder Fisch und vor allem Garnelen, die aus den Gewässern der Küstenregionen gefischt werden, bringt man hier mit afrikanischer und europäischer, hier insbesondere französischer Kochtradition in Einklang. Geschmacksintensive Gewürze spielen eine große Rolle, weshalb Southern Comfort Food oft scharf und deftig daherkommt.

Kalorien zählen sollte man beim Southern Comfort Food besser nicht. Zucker und Fett sind die wohl wichtigsten Zutaten der Südstaatenküche. Hinzu kommt, dass die Südstaatler Frittiertes und Fleisch in üppigen Saucen lieben – »Komfort«-Essen eben. Speisen, die glücklich und zufrieden stimmen, die Trost spenden und sich mit wohltuender Wärme im Bauch ausbreiten. Sie vermitteln einem das Gefühl von Heimat, weil sie an glückliche Kindheitstage erinnern. »Essen wie bei Muttern«, so könnte man es auch ganz gut beschreiben. Und genau diese Formulierung trifft den Kern des Comfort- oder Soul-Food-Gedankens: Kochen als Liebesbeweis der Mütter und Großmütter an ihre Familien.

Ein weiteres Highlight der Südstaatenküche ist das Barbecue, was in den USA eine Kunstform ist und nicht einfach nur simples Grillen, wie es in unseren Breitengraden betrieben wird. Meisten wird daraus gleich ein richtiges Event gemacht, Groß und Klein kommen zusammen und es wird auf und in riesigen Barbecue-Öfen, den sogenannten Smokers, gebruzelt und geräuchert was das Zeug hält. Ein Südstaaten-BBQ ist an Geselligkeit kaum zu übertreffen.

Hält man sich vor Augen, wie viele Schwarze und Afroamerikaner allein in New York City leben, so überrascht es nicht, dass die Einflüsse der Südstaatenküche auch hier zu finden sind. In Bedford-Stuyvesant, das Viertel New Yorks mit der größten schwarzen Community, landen wir im »Peaches Hothouse«. Reservieren kann man hier nicht, und als wir ankommen, reicht die Schlange derjenigen, die auf einen Tisch warten, bis auf den Gehsteig hinaus. Denn diese Art von Seelenfutter ist heute wieder mehr denn je gefragt.

Es dauert eine gute halbe Stunde bis wir von einem der Kellner an unseren Tisch gebracht werden. Das Interieur ist einfach und etwas heruntergekommen, wirkt aber dennoch gemütlich. Allerdings merken wir recht schnell – ins »Peaches« kommt man nicht, um zu verweilen, sondern um zu essen! Und das tun wir. Barbecue Shrimps, Fried Chicken und Fried Green Tomatoes, Mashed Potatoes, Sweet Cornbread und jede Menge Gravy. Verdammt deftig, verdammt mächtig, aber irgendwie auch verdammt gut!

CAJUN-GARNELEN

Bei diesen Garnelen aus dem »Peaches HotHouse« und reichlich »Mashed Potatoes« (nächste Seite) fühlt man sich sofort nach New Orleans versetzt.

FÜR 4 PERSONEN
ZUBEREITUNG: 20 MIN.
PRO PORTION: CA. 575 KCAL

TREND REZEPT

4 Knoblauchzehen
1 Bund Frühlingszwiebeln
8 EL kalte Butter
125 ml Chilisauce (z. B. Sriracha)
125 ml Worcestersauce
150 ml dunkles Bier
Saft von 1 Zitrone
4 TL Cajun-Gewürzmischung
1 kg große rohe Garnelen (küchenfertig)
125 g Kirschtomaten
½ Bund glatte Petersilie
Meersalz, Pfeffer

ein paar dicke Zitronenspalten zum Servieren

1 Den Knoblauch schälen und fein hacken. Frühlingszwiebeln putzen, waschen und schräg in dünne Ringe schneiden. In einer großen Pfanne 4 EL Butter schmelzen. Darin Knoblauch und Frühlingszwiebeln glasig dünsten.

2 Chili- und Worcestersauce, Bier, Zitronensaft und die Cajun-Gewürzmischung in die Pfanne geben. Die Sauce bei mittlerer Hitze in 5–7 Min. auf die Hälfte einkochen lassen. Inzwischen die Garnelen kalt abbrausen und trocken tupfen. Die Kirschtomaten waschen und halbieren.

3 Garnelen und Tomaten in die Pfanne geben und unter die Sauce rühren. Alles weitere 4–6 Min. schmoren, bis die Garnelen gar sind, dabei immer wieder mal umrühren.

4 Die Petersilie abbrausen und trocken schütteln, Blättchen abzupfen und hacken. Die übrige Butter (4 EL) in Flöckchen zu den Garnelen geben. Mit Meersalz und Pfeffer würzen und mit der Petersilie bestreuen. Die Cajun-Garnelen zum Servieren mit den Zitronenspalten auf Tellern anrichten.

SOUTHERN FRIED CHICKEN

So müssen frittierte Hähnchenstücke nach Südstaatenart schmecken! Der Clou ist die Cornflakes-Panade, die sie unglaublich knusprig macht!

• • •

FÜR 4 PERSONEN
ZUBEREITUNG: 1 STD.
PRO PORTION: CA. 730 KCAL

1,2 kg Hähnchenunterschenkel (Drum Sticks)
2 Eier (M)
225 ml Milch
Meersalz, Pfeffer
75 g Cornflakes
75 g Mehl

500 ml Sonnenblumenöl zum Frittieren

1 Die Hähnchenschenkel waschen und trocken tupfen. In einer großen Schüssel Eier und Milch verquirlen und mit Meersalz und Pfeffer würzen. Die Hähnchenschenkel untermischen und ca. 15 Min. ruhen lassen.

2 Inzwischen die Cornflakes in einen Gefrierbeutel geben und mit dem Nudelholz fein zerbröseln. Mehl in den Beutel geben und mit den Bröseln vermischen, mit Meersalz und Pfeffer würzen. In einer großen Pfanne das Sonnenblumenöl auf 180° erhitzen. Hält man ein Holzstäbchen hinein und es bilden sich sofort Bläschen, ist die Temperatur richtig.

3 Nach und nach je 2–3 Hähnchenschenkel in den Gefrierbeutel geben, den Beutel gut zuhalten und kräftig schütteln, bis die Schenkel vollständig mit der Panade überzogen sind. Dann die Schenkel portionsweise in das heiße Öl geben und darin rundherum 15–20 Min. frittieren, bis sie goldbraun und gar sind. Mit einem Schaumlöffel aus dem Öl heben und auf Küchenpapier entfetten. Pur aus der Hand essen oder mit Mashed Potatoes und Gravy (siehe S. 178/179) servieren.

MASHED POTATOES

Für mich das Soul Food schlechthin! Es gibt nichts besseres als einen Berg Kartoffelpüree mit etwas Nussbutter oder »Gravy«-Sauce darauf!

• • •

FÜR 4 PERSONEN
ZUBEREITUNG: 25 MIN.
GAREN: 25 MIN.
PRO PORTION: CA. 405 KCAL

1,2 kg festkochende Kartoffeln
Meersalz
75 g Butter
75 ml Milch
75 g Mascarpone
Pfeffer
frisch geriebene Muskatnuss

1 Die Kartoffeln schälen, waschen und in ca. 1 ½ cm große Würfel schneiden. In einem Topf knapp mit Wasser bedecken, salzen. Aufkochen und mit schräg aufgelegtem Deckel bei kleiner bis mittlerer Hitze in 20–25 Min. weich kochen.

2 Dann die Kartoffeln abgießen, zurück in den Topf geben und mit einem Kartoffelstampfer zerdrücken. Butter, Milch und Mascarpone dazugeben und alles mit den Rührbesen des Handrührgerätes zu einem cremigen Püree verrühren.

3 Das Kartoffelpüree kräftig mit Meersalz, Pfeffer und Muskat würzen und sofort servieren – etwa als Soul-Food-Beilage zu Cajun-Garnelen (siehe S. 176) oder Southern Fried Chicken (siehe S. 177).

GRAVY

Eine dunkle Bratensauce ohne Röststoffe aus der Pfanne, geht das? Aber klar! Diese ganz einfache Saucenvariante wird aus Fond geköchelt.

• • •

FÜR 4 PERSONEN
ZUBEREITUNG: 15 MIN.
PRO PORTION: CA. 75 KCAL

2 Knoblauchzehen
1 Zwiebel
450 ml Rinderfond (aus dem Glas)
1 EL Worcestersauce
3 EL Speisestärke
Meersalz, Pfeffer

1 Den Knoblauch schälen und halbieren, die Zwiebel schälen und vierteln. Beides mit dem Rinderfond und der Worcestersauce in einen Topf geben und aufkochen. Die Hitze zurückschalten, den Fond 5 Min. bei mittlerer Hitze köcheln lassen.

2 Den Knoblauch und die Zwiebel mit einem Schaumlöffel aus dem Fond heben und entsorgen. Die Speisestärke zuerst mit 60 ml kaltem Wasser anrühren, dann mit dem Schneebesen langsam unter den Fond rühren.

3 Die Sauce so lange unter Rühren kochen lassen, bis sie eindickt. Das dauert 2–3 Min. Die fertige Bratensauce mit Meersalz und Pfeffer abschmecken. Passt einfach perfekt zu Mashed Potatoes (siehe S. 178) oder einem Stück Fleisch.

FRIED GREEN TOMATOES

Wer sich an den Film-Hit »Grüne Tomaten« aus den 90er Jahren erinnert, sollte dieses Rezept alleine aus Nostalgiegründen unbedingt ausprobieren. Oder man macht es den zahlreichen New Yorker Comfort Food Restaurants nach, auf deren Speisekarte man frittierte grüne Tomaten immer findet.

• • •

FÜR 4 PERSONEN
ZUBEREITUNG: 45 MIN.
PRO PORTION: CA. 505 KCAL

125 g Buttermilch, 125 g Mayonnaise
60 g saure Sahne, 1 Spritzer Zitronensaft
2 Spritzer Worcestersauce
½ TL getrocknete Petersilie
½ TL getrockneter Dill
½ TL getrockneter Schnittlauch
(Knoblauch-)Meersalz, Pfeffer

4 große grüne Tomaten, (Knoblauch-)Meersalz, Pfeffer, 2 Eier (M), 2 EL Milch
100 g Weizenmehl (Type 405)
2 TL edelsüßes Paprikapulver
60 g Maismehl
60 g Panko-Paniermehl (Asienladen)
300 ml Sonnenblumenöl zum Frittieren

WICHTIG!
FÜR DIESES GERICHT TOMATENSORTEN WÄHLEN, DIE IM REIFEN ZUSTAND GRÜN BLEIBEN (KEINE UNREIFEN TOMATEN NEHMEN!). MAN BEKOMMT SIE IM SOMMER BEIM GEMÜSEHÄNDLER ODER IM GUT SORTIERTEN SUPERMARKT.

1 Für das Ranch-Dressing die Buttermilch, die Mayonnaise und die saure Sahne glatt verrühren. Zitronensaft, Worcestersauce, Petersilie, Dill und Schnittlauch unterrühren. Das Dressing mit (Knoblauch-)Meersalz und Pfeffer würzen. Kalt stellen.

2 Tomaten waschen und in ½ cm dicke Scheiben schneiden, dabei die Stielansätze entfernen. Tomatenscheiben auf beiden Seiten mit (Knoblauch-)Meersalz und Pfeffer würzen.

3 In einem großen tiefen Teller Eier und Milch verquirlen, mit (Knoblauch-)Meersalz und Pfeffer würzen. In einem zweiten tiefen Teller das Weizenmehl mit je 1 TL (Knoblauch-)Meersalz und Paprikapulver vermischen. In einem dritten tiefen Teller das Maismehl mit dem Panko-Paniermehl und ebenfalls jeweils 1 TL (Knoblauch-)Meersalz und Paprikapulver vermischen.

4 In einer großen Pfanne Sonnenblumenöl auf 180° erhitzen. Hält man ein Holzstäbchen hinein und es bilden sich sofort Bläschen, ist die Temperatur genau richtig. Inzwischen die Tomatenscheiben zunächst im Weizenmehl wenden, dann durch die verquirlten Eier ziehen und zuletzt vorsichtig in der Panko-Mehlmischung wenden.

5 Die Tomatenscheiben portionsweise in das heiße Öl geben und darin in ca. 5 Min. goldbraun und knusprig frittieren, dabei einmal wenden. Herausnehmen und Küchenpapier entfetten. Mit dem Ranch-Dressing servieren.

SWEET CORNBREAD

Obwohl dieses Maisbrot süßlich schmeckt, wird es in der Südstaaten-Küche klassisch noch ofenwarm als Beilage zu deftigen Fleischgerichten gereicht.

• • •

1 BROT (CA. 24 STÜCKE)
ZUBEREITUNG: 15 MIN.
BACKEN: 30 MIN.
PRO STÜCK: CA. 200 KCAL

225 g weiche Butter
250 g Zucker
4 Eier (M)
Meersalz
320 g Weizenmehl (Type 405)
150 g Maismehl
1 ½ TL Backpulver
½ TL Natron
450 g Buttermilch

1 rechteckige Backform (ca. 33 × 23 cm)

1 Den Backofen auf 180° vorheizen, die Backform mit Backpapier auskleiden. In einer großen Rührschüssel die Butter mit den Rührbesen des Handrührgerätes (oder der Küchenmaschine) hellcremig schlagen, dabei den Zucker einrieseln lassen. Dann nacheinander Eier und 1 TL Meersalz unterrühren.

2 Das Weizenmehl mit Maismehl, Backpulver und Natron vermischen. Die Mehlmischung abwechselnd mit der Buttermilch unter die Buttercreme rühren, bis sich alle Zutaten gut miteinander verbunden haben. Den Teig in die Form füllen und glatt streichen. Im Ofen (Mitte) 25–30 Min. backen, bis das Maisbrot goldbraun ist.

3 Die Form aus dem Ofen nehmen und das Maisbrot kurz abkühlen lassen. Dann das Brot aus der Form lösen und in Stücke (ca. 5 × 6 cm) schneiden. Noch warm servieren, am besten mit jeweils 1 Klecks Butter.

GRITS

Zugegeben, der Begriff »Grütze« mag nicht verlockend klingen, ein mit Käse, Speck und Garnelen verfeinerter Polentabrei dafür umso mehr!

TREND REZEPT

FÜR 4 PERSONEN
ZUBEREITUNG: 30 MIN.
PRO PORTION: CA. 480 KCAL

250 ml Milch
Meersalz
225 g Instant-Polenta (Maisgrieß)
2 EL gesalzene Butter
50 g geriebener würziger Käse (z. B. Appenzeller oder Cheddar)
2 EL Sahne
250 g große rohe Garnelen (küchenfertig)
50 g Speckwürfel
Pfeffer
¼ TL Chiliflocken
Saft von 1 Zitrone
1 TL flüssiger Honig
4 Stängel glatte Petersilie
1 Bund Frühlingszwiebeln

• • •

1 In einem Topf die Milch mit 250 ml Wasser und 1 TL Meersalz aufkochen. Den Maisgrieß mit einem Schneebesen einrühren und die Polenta bei kleiner Hitze unter weiterem Rühren 3–5 Min. köcheln lassen. Dann Butter, Käse und Sahne unterrühren. Den Deckel auf den Topf legen und die Polenta auf der ausgeschalteten Herdplatte ca. 5 Min. ruhen lassen.

2 Inzwischen die Garnelen kalt abbrausen und trocken tupfen. Den Speck in einer beschichteten Pfanne bei mittlerer Hitze 2–3 Min. braten, Garnelen dazugeben und 2 Min. mitbraten. Mit Meersalz, Pfeffer, Chiliflocken, Zitronensaft und Honig würzen und bei kleiner Hitze weitere 2–3 Min. köcheln lassen.

3 Die Petersilie abbrausen und trocken schütteln, Blättchen abzupfen und fein hacken. Frühlingszwiebeln waschen, putzen und schräg in sehr feine Ringe schneiden.

4 Die Polenta und die Garnelen auf Teller verteilen, mit Petersilie und Frühlingszwiebeln bestreuen und servieren.

WILLIAMSBURG

FUSION FOOD

Williamsburg ist das wohl angesagteste Viertel von Brooklyn. Das **lässige Hipster-Paradies** *vereint nicht nur Cafés, Bars und Restaurants, Industrie-Design und Vintage-Boutiquen, sondern bietet zusätzlich noch* **interessante Multikulti-Küche** *an jeder Ecke. Das alles natürlich* **auf höchstem Niveau** *und selbstverständlich* **rund um die Uhr**.

WILLIAMSBURG – HIPSTER-HAUPTSTADT

Ob Mode, Kunst, Essen oder Trinken – Williamsburg ist Hipster-Hauptstadt und der Trendsetter in Brooklyn. Während man tagsüber vom Café in eine Boutique oder einen Pop-Up Store schlendert und dort nach einem »It-piece« Ausschau hält, so erwacht Williamsburg erst bei Nacht so richtig zum Leben.

Über die Williamsburg Bridge mit der Lower East Side von Manhattan verbunden, war Williamsburg das erste Viertel, das die Downtowner eroberten, als Manhattan zu teuer wurde. Das einstige Arbeiterviertel und Herzstück von Brooklyn besticht durch seinen unverwechselbaren, unglaublich lässigen Industrie-Charme. Die meisten alten Fabrik- und Lagerhallen wurden zu erstklassigen Wohneinheiten umgebaut, das Wohnen im Viertel macht Spaß. Allerdings sind auch hier die Zeiten bezahlbarer Mieten längst vorbei. Mittlerweile ist Williamsburg eine der teuersten Gegenden in ganz Brooklyn und steht Manhattan in nichts mehr nach. Im Gegenteil, fuhren die Leute früher zum Ausgehen mit dem Zug nach Manhattan, so ist es heute genau umgekehrt. Am Samstagabend sind die Züge von Manhattan nach Williamsburg gerammelt voll, denn nirgendwo anders kann man die Nacht durch besser feiern.

STREET-ART IN »LITTLE BERLIN«

»You can't do better than Williamsburg«, das hören wir immer wieder. Für viele ist es der wohl coolste Ort, um in New York zu leben, zu arbeiten und auszugehen. Kreative und Künstler, wie Schauspieler, Musiker und Fotografen, haben sich zusammen mit den Alteingesessenen das Viertel zu eigen gemacht und helfen dabei, es zu einer der angesagtesten Gegenden der Stadt zu machen. Hier muss man nicht in eine Galerie mit weißen Wänden gehen, um Kunst zu sehen. Die Straßen Williamsburgs sind der Ausstellungsort. Die Wände von Ziegel- und Zementgebäuden sind voller Gemälde junger Künstler, die einen Einblick in die neuesten Trends geben. Plakative Werbung findet man hier nicht, dafür originelle Street-Art.

Anfang des neuen Jahrtausends war Williamsburg das Zentrum für Indie-Rock und Elektroclash. Es trug den Spitznamen »Little Berlin«, den man auch heute noch vereinzelt hört. Auch modisch gesehen liegt Williamsburg ganz weit vorne. Man begegnet einem lässigen Street-Style, der bewusst selbstbewusst, gleichzeitig aber auch mit einer gewissen Gleichgültigkeit getragen wird. Nicht selten sieht man Anzugträger mit langen Bärten und coolen Sneakern, die auf ihren Skateboards ins Büro rollern.

Der Grand Ferry Park in Williamsburg ist klein, der Blick dafür umso grandioser.

VERSCHNAUFPAUSE IM GRAND FERRY PARK

Läuft man durch die Straßen von Williamsburg, kommt man an unzähligen angesagten Bars, kleinen Vintage-Läden und stilvollen Kunst-Galerien vorbei. An jeder Ecke gibt es etwas Neues und Spannendes zu entdecken, und man findet Inspiration auf allen Ebenen. Wer es etwas ruhiger mag oder gerne mal für sich sein möchte, der ist im kleinen Grand Ferry Park bestens aufgehoben. Hier findet man eine kleine Oase, einen friedlichen Ort zum Entspannen. Direkt am East River gelegen, genießt man von dort aus eine wunderbare Aussicht auf Manhattan. Nicht wenige in Williamsburg lebende New Yorker, gönnen sich in diesem Park eine kleine Auszeit und machen es sich mit einem Buch, einer Zeitung oder einem Sandwich auf einer der vielen Parkbänke bequem.

> *Williamsburg ist das Kontrastprogramm zum eher streng wirkenden Manhattan. Hier findet man vor allem eines: »The easy way of life«.*

Williamsburg ist vermutlich »the trendiest place« in ganz Brooklyn. Allerdings wechseln hier anscheinend manche Trends so schnell, dass wir mit unserem geplanten und auch angekündigten Besuch im »Bistro Petit« leider zu spät kommen. Aus dem Bistro wurde kurzerhand die »Brasserie Seoul«, die von Williamsburg ins Viertel Boerum Hill zog, in der aber immer noch Küchenchef Sung Park ganz hervorragend mit französisch-koreanischen Einflüssen kocht. Für einen Besuch bei ihm müssen wir also Williamsburg verlassen. »Fusion Food« nicht nur auf unseren Tellern, sondern auch über die Stadtviertel hinweg!

Oben und rechts: Nachtleben in Williamsburg – hier trifft man sich gerne auf den ein oder anderen Drink.

Oben und rechts: Fusion Food – das bedeutet auch hübsch gedeckte Tische und Kerzenschein in abgerockten Fabrikhäusern mit den Kreativsten aller Köche.

Küchenchef Sung Park von der »Brasserie Seoul« ist Koch aus Leidenschaft, seine Gericht sind immer kreativ und innovativ. Und vor allem eines ist ihm wichtig: dass es schmeckt!

FUSION FOOD

New York City ist in vielerlei Hinsicht ein kosmopolitischer Schmelztiegel. In keiner anderen Stadt der Welt treffen so viele verschiedene Kulturen und Nationalitäten auf engstem Raum zusammen. Umso erstaunlicher ist es, dass es doch verhältnismäßig lange gedauert hat, um die Küchen eben dieser Kulturen miteinander zu vereinen.

Ursprünglich verstand man unter »Fusion Food« die Kombination landestypischer Zutaten aus unterschiedlichen Regionen, Gebieten im Osten, Westen, Süden und Norden der USA. Es dauerte aber nicht sehr lange, bis man im wahrsten Sinne des Wortes über den Tellerrand hinaus und auch in andere Länder schaute. Lateinamerikanische, asiatische, afrikanische und europäische Einflüsse wurden zunehmend in die amerikanische Küche integriert.

Erst seit ein paar Jahren jedoch ist Fusion Food echt und authentisch geworden. Das rührt allein daher, dass diejenigen, die es heute zubereiten, selber die verschiedensten ethnischen und kulturellen Hintergründe mitbringen. Ja, mittlerweile könnte man fast sagen: »Fusion Food« ist global. Immigration, Integration und einer weltweiten Reiselust sei Dank. Pasta, Pizza, Gyros, Tacos, Ramen, Sushi, Currys, Hummus, Burger – das alles findet man heute in New York innerhalb weniger Blocks. Heute Japanisch oder Mexikanisch, morgen Israelisch oder Indisch – alles kein Problem. Aber nicht nur das, denn wirklich interessant wird es erst dann, wenn die israelische Küche mit der japanischen oder die französische Küche mit der koreanischen kombiniert wird. Vor allem den jungen und kreativen Köchen bietet »Fusion Food« die Möglichkeit, sich kulinarisch so richtig auszutoben. Zutaten, die scheinbar nicht zusammenpassen, werden in Pfannen und Töpfen zu den köstlichsten Speisen, in Gläsern zu den aufregendsten Getränken vereint. Und auch das Anrichten auf den Tellern gehört dazu. Ansprechend soll es sein, schließlich isst das Auge mit. Hier wird die französische »Haute Cuisine« immer noch als Vorbild genommen, dabei lässt aber jeder seiner Kreativität freien Lauf. Erlaubt ist, was schmeckt.

Fusion Food war in der Vergangenheit oft gleichbedeutend mit »French Fusion«. So würzte man zum Beispiel typische französische Gerichte mit exotischen Gewürzen, oder man integrierte das Wissen der französischen Küche in die eigene, in unserem Fall also in die amerikanische Küche. Aber Fusion Food bedeutet nicht nur, verschiedenste ausländische Zutaten in die heimische Küche zu integrieren, sondern dabei auch unterschiedliche Esskulturen, Kochkünste und Zubereitungsarten mit zu berücksichtigen. Fleisch und Fisch werden dampfgegart, Gemüse gegrillt, das ganze Essen in Pfannkuchen gewickelt oder vom Bananenblatt gegessen – alles geht und alles darf.

Und weil im Hipster-Paradies Williamsburg auch alles geht und die verschiedensten Nationalitäten aufeinandertreffen, ist genau das unser Foodie-Highlight in diesem Viertel: Fusion Food.

KOHLRABI-APFEL-SALAT MIT KERBEL

Dieser Salat aus dem Restaurant »Chez ma Tante« hat uns mehr als überzeugt. Die Kombination aus Kohlrabi und Apfel ist einfach unglaublich.

• • •

FÜR 4 PERSONEN
ZUBEREITUNG: 10 MIN.
PRO PORTION: CA. 140 KCAL

2 Kohlrabi
2 Granny-Smith-Äpfel
Saft von ½ Zitrone
4 EL Olivenöl
Meersalz, weißer Pfeffer
½ Bund Kerbel

1 Die Kohlrabi im Ganzen schälen (vorher nicht zerkleinern!) und in hauchdünne Scheiben hobeln. Die Äpfel waschen, halbieren, entkernen und ebenfalls in hauchdünne Scheiben hobeln. Beides dachziegelartig auf Tellern anrichten, dabei Apfel- und Kohlrabischeiben abwechseln.

2 Den Zitronensaft mit dem Olivenöl kräftig verrühren und über den Salat träufeln. Mit wenig Meersalz und weißem Pfeffer würzen.

3 Den Kerbel abbrausen und trocken schütteln. Die Blättchen von den Stängeln zupfen, nicht zu fein hacken und über den Kohlrabi-Apfel-Salat streuen.

BURRATA-STRACCIATELLA

Perfekt für heiße Tage! Diese Vorspeise schmeckt herrlich frisch und leicht säuerlich und wird am besten mit einer Scheibe Sauerteigbrot serviert.

• • •

FÜR 4 PERSONEN
ZUBEREITUNG: 15 MIN.
PRO PORTION: CA. 410 KCAL

TREND REZEPT

50 g Mandeln (mit Haut)
(grobes) Meersalz
2 eingelegte Zitronen (8 Stücke, siehe S. 164; ersatzweise Salzzitronen aus dem Glas vom Feinkosthändler oder 2 TL abgeriebene Zitronenschale)
4 Stängel Oregano
2 große Kugeln Burrata (à ca. 125 g, ital. Feinkosthändler)
2 EL Rosinen
Pfeffer
2 EL Aceto balsamico bianco
4 EL Olivenöl
¼ TL Harissa-Pulver

1 Die Mandeln grob hacken und in einer kleinen Pfanne goldbraun anrösten. ½ TL (grobes) Meersalz darüberstreuen und die Mandel ein wenig abkühlen lassen.

2 Inzwischen von den eingelegten Zitronen das Fruchtfleisch entfernen und nur die Schalen in 2 cm große Stücke schneiden. Den Oregano abbrausen und trocken schütteln, die Blättchen abzupfen und nach Belieben noch hacken.

3 Die Burrata-Kugeln halbieren, das cremige Innere mit einem Löffel herausheben und auf Teller verteilen (die äußere dünne Haut entsorgen). Mandeln, Rosinen und die Zitronenstücke über der Burrata-»Creme« verteilen. Mit Meersalz und Pfeffer würzen und mit dem Oregano bestreuen.

4 Den Balsamessig mit Olivenöl und Harissa kräftig verrühren. Mit Meersalz abschmecken. Das Dressing gleichmäßig über den Salat träufeln. Sofort servieren!

DINKELRISOTTO MIT PILZEN

Das wohl weltbeste Risotto – ganz ohne Reis – hat uns Küchenchef Sung Park in seinem Restaurant »Brasserie Séoul« serviert. Allerfeinste French-Korean-Fusion mit einer Prise Italien im Gepäck!

TREND REZEPT

FÜR 4 PERSONEN
ZUBEREITUNG: 1 STD.
PRO PORTION: CA. 350 KCAL

25 g getrocknete Mu-Err (Pilze)
200 g Shiitake (Pilze)
2 EL Butter
1 EL Cognac
50 g Sahne
Meersalz, Pfeffer
600 ml Gemüsebrühe
250 g schnellkochender Dinkel
1 Zwiebel
2 Knoblauchzehen
1 EL Olivenöl
50 g geriebener Parmesan

1 Bund glatte Petersilie zum Garnieren

AUSTAUSCH-TIPP
DIE GETROCKNETEN MU-ERR KÖNNEN AUCH PRIMA DURCH GETROCKNETE SHIITAKE ODER STEINPILZE ERSETZT WERDEN.

• • •

1 Die getrockneten Mu-Err mit 100 ml heißem Wasser in eine Schüssel geben und ca. 30 Min. einweichen.

2 Inzwischen die Shiitake putzen, Stielenden abschneiden, die Pilze in breite Streifen schneiden. In einer Pfanne 1 EL Butter schmelzen. Darin die Shiitake ca. 5 Min. andünsten. Mit dem Cognac ablöschen, aufkochen. Die Sahne unterrühren und alles ca. 5 Min. köcheln lassen, bis die Sauce leicht eindickt. Mit Meersalz und Pfeffer würzen, zur Seite stellen.

3 Die Gemüsebrühe in einem kleinen Topf erhitzen. Dinkel in einem Sieb kalt abbrausen und abtropfen lassen. Die Zwiebel und den Knoblauch schälen und fein hacken. Mu-Err durch ein Sieb abgießen, dabei das Einweichwasser auffangen und dann zur Brühe geben. Die Mu-Err in dünne Streifen schneiden.

4 In einem großen Topf Olivenöl und restliche Butter (1 EL) erhitzen. Zwiebel und Knoblauch darin 1–2 Min. andünsten. Die Mu-Err und den Dinkel dazugeben und kurz mitdünsten. Nun 1 Kelle heiße Brühe hinzufügen und den Dinkel bei kleiner bis mittlerer Hitze köcheln lassen, bis er die Flüssigkeit fast vollständig aufgenommen hat. So weiterverfahren, bis die Brühe aufgebraucht, der Dinkel weich und das Risotto sämig ist (das dauert ca. 20 Min.), dabei immer wieder mal umrühren.

5 Shiitake und Parmesan zum Dinkelrisotto geben und untermischen. Mit Meersalz und Pfeffer würzen. Topf vom Herd nehmen und den Risotto abgedeckt 2 Min. ruhen lassen. Die Petersilie abbrausen und trocken schütteln, Blättchen abzupfen und fein hacken. Vor dem Servieren über den Risotto streuen.

KEDGEREE

Eigentlich ein Gericht indischer Herkunft, wurde uns dieses Essen in einem französischen Restaurant serviert. Délicieuse, delicious, lecker! Durch das Garen in Milch wird der Kabeljau ganz besonders zart!

• • •

FÜR 4 PERSONEN
ZUBEREITUNG: 35 MIN.
PRO PORTION: CA. 585 KCAL

270 g Langkornreis
Meersalz
4 Eier (M)
500 ml Milch
1 Lorbeerblatt
600 g Kabeljaufilet
3 Stangen Staudensellerie
1 Zwiebel
2 Knoblauchzehen
1 EL Olivenöl
1 TL gemahlener Kreuzkümmel
1 TL gemahlene Kurkuma
1 TL Currypulver
200 g TK-Erbsen (aufgetaut)
Saft von 1 Zitrone
Pfeffer

2 Bund Kräuter
(z. B. Kerbel und Koriandergrün)
zum Garnieren

1 In einem großen Topf den Langkornreis mit 400 ml Wasser aufkochen, salzen. Deckel auflegen, die Temperatur reduzieren und den Reis bei kleiner Hitze in 15–20 Min. ausquellen lassen. Die Eier in ausreichend Wasser in ca. 10 Min. hart kochen, anschließend kalt abschrecken, schälen und vierteln.

2 Inzwischen in einem großen Topf die Milch, 250 ml Wasser und das Lorbeerblatt aufkochen. Die Temperatur reduzieren, das Kabeljaufilet in den Milchsud legen und bei kleiner Hitze in 5 Min. gar ziehen lassen. Herausnehmen und mit einer Gabel in nicht zu kleine Stücke zerteilen. Den Sud aufbewahren.

3 Sellerie waschen, putzen und in feine Scheiben schneiden. Zwiebel und Knoblauch schälen und klein würfeln. Das Olivenöl in einer großen Pfanne erhitzen. Darin Zwiebel und Knoblauch 1–2 Min. andünsten. Sellerie dazugeben und kurz mitdünsten.

4 Die Gewürze in die Pfanne geben und kurz mitdünsten, dann Reis, Erbsen und Zitronensaft untermischen. Nun die Kabeljaustücke zum Reis geben und eventuell etwas von dem Milchsud, falls der Reis zu trocken erscheint. Zum Schluss noch die Eier (M) vorsichtig unter den Reis heben. Das Kedgeree mit Salz und Pfeffer abschmecken.

5 Den Kerbel und den Koriander abbrausen und trocken schütteln, die Blättchen abzupfen und nach Belieben noch hacken. Die Kräuter über den Reis streuen, servieren.

GETRÜFFELTES MAC'N'CHEESE

• • •

FÜR 4 PERSONEN
ZUBEREITUNG: 20 MIN.
BACKEN: 20 MIN.
PRO PORTION: CA. 1005 KCAL

500 g kurze Nudeln (z. B. kurze Makkaroni, Fusilli oder Hörnchennudeln)
150 g Gruyère (am Stück)
50 g Parmesan (am Stück)
3 Stängel Basilikum
100 g Butter
30 g Mehl
500 ml Milch
Meersalz, Pfeffer
frisch geriebene Muskatnuss
1 TL getrocknete Kräuter der Provence
1 EL Trüffelöl
50 g Panko-Paniermehl (Asienladen)

Butter für die Form

1 Die Nudeln nach Packungsanweisung al dente kochen, dann in ein Sieb abgießen, kalt abschrecken und abtropfen lassen. Den Backofen auf 200° vorheizen.

2 Inzwischen den Gruyère und den Parmesan jeweils reiben. Das Basilikum abbrausen und trocken schütteln, die Blättchen abzupfen und fein hacken. Eine große Auflaufform einfetten.

3 In einem Topf 75 g Butter schmelzen. Das Mehl mit einem Schneebesen einrühren, dann nach und nach und unter Rühren die Milch hinzufügen: Sobald die Sauce eindickt, wieder etwas Milch nachgießen. Nun den Gruyère unter die Sauce rühren, bis er geschmolzen ist. Die Sauce mit Meersalz, Pfeffer, Muskat, den Kräutern der Provence und dem Trüffelöl würzen. Mit den Nudeln vermischen und in die Auflaufform füllen.

4 Den Parmesan mit dem Panko-Paniermehl und Basilikum mischen. Die Brösel über den Auflauf streuen und die übrige Butter (25 g) in Flöckchen darauf verteilen. Im Ofen (Mitte) ca. 20 Min. gratinieren, bis der Auflauf herrlich knusprig und goldbraun ist. Aus dem Ofen nehmen, etwas abkühlen lassen und servieren – am besten mit einem grünen Salat.

QUICHE MIT SPINAT, LACHS UND EI

• • •

1 QUICHE (8 STÜCKE)
ZUBEREITUNG: 20 MIN.
BACKEN: 45 MIN.
PRO STÜCK: CA. 430 KCAL

1 Pck. Blätterteig (ca. 40 × 24 cm; aus dem Kühlregal)
500 g Blattspinat
1 EL Butter
1 EL Olivenöl
Meersalz, Pfeffer
frisch geriebene Muskatnuss
1 Bund Dill
300 g Räucherlachs (in Scheiben)
400 g Sahne
5 Eier (M)

1 Springform (26 cm Ø)
eventuell Butter für die Form

1 Den Backofen auf 190° vorheizen. Den Boden der Springform mit Backpapier auslegen oder einfetten. Die Form mit dem Blätterteig auskleiden, dabei einen Rand hochziehen: überstehende Teigränder mit der Küchenschere abschneiden und auf der »fehlenden Seite ankleben«. Den Teigboden mehrmals mit einer Gabel einstechen, kalt stellen.

2 Blattspinat putzen, waschen, trocken schleudern und fein hacken. In einem großen Topf Butter und Öl erhitzen. Darin den Spinat erst 5 Min. andünsten, bis er zusammenfällt, dann unter Rühren garen, bis die Flüssigkeit eingekocht ist. Vom Herd nehmen und mit Meersalz, Pfeffer und Muskat würzen.

3 Den Dill abbrausen und trocken schütteln, die Blättchen abzupfen und hacken. Den Lachs in kleine Würfel schneiden. Die Sahne mit den Eiern verrühren. Spinat, Dill und Lachs untermischen. Mit Meersalz und Pfeffer abschmecken.

4 Die Spinat-Lachs-Mischung in die mit Blätterteig ausgelegte Form füllen. Die Quiche im Ofen (Mitte) 40–45 Min. backen, bis sie goldbraun und vollständig gestockt ist. Herausnehmen und vor dem Servieren noch etwas abkühlen lassen.

CRÈME BRÛLÉE MIT AHORNSIRUP

Meistens waren wir nach dem Hauptgang so satt, dass kein Platz mehr für ein Dessert war. Gut, dass uns so mancher Küchenchef trotzdem mit einer Süßspeise verwöhnte. Auf diese Crème hätten wir nur ungern verzichtet!

• • •

FÜR 6 PERSONEN
ZUBEREITUNG: 40 MIN.
GAREN: 30 MIN.
KÜHLEN: 3 STD.
PRO PORTION: CA. 390 KCAL

480 g Sahne
120 ml Ahornsirup
6 Eigelb (M)
1 TL Vanilleextrakt
½ TL Zimtpulver
60 g brauner Zucker

6 flache Crème-brûlée-Förmchen (10–12 cm Ø; ersatzweise kleine Soufflé-Förmchen, 8–9 cm Ø)
Flambierbrenner (siehe Tipp)

SO GEHT'S AUCH
WER KEINEN FLAMBIERBRENNER HAT, STELLT DIE FÖRMCHEN EINFACH IN DEN VORGEHEIZTEN BACKOFEN (MIT GRILLFUNKTION!) UND LÄSST DEN ZUCKER DORT KARAMELLISIEREN.

1 Den Backofen auf 140° vorheizen. Die Sahne und den Ahornsirup in einem kleinen Topf erhitzen. Kurz vor dem Kochen vom Herd nehmen.

2 Die Eigelbe mit Vanilleextrakt und Zimtpulver in einer Schüssel verrühren. Dann die Eigelbe langsam in die Sahne einrühren, bis alles gut miteinander vermischt ist. Die Eiersahne auf die Förmchen verteilen.

3 Die Förmchen in eine flache Bratreine stellen und so viel Wasser in die Reine füllen, dass die Förmchen etwa zur Hälfte darin stehen. Die Reine in den Ofen (Mitte) schieben und die Crème 25–30 Min. garen, bis sie fest ist.

4 Die Förmchen aus dem Ofen und dem Wasserbad nehmen und die Crème kurz abkühlen lassen. Dann mindestens 3 Std. im Kühlschrank kalt stellen.

5 Vor dem Servieren jeweils etwas braunen Zucker gleichmäßig dünn über die Crème streuen und mit dem Flambierbrenner schmelzen und goldbraun karamellisieren lassen. Die Crème brûlée sofort servieren!

TARTE TATIN MIT ZUCKERRÜBENSIRUP

• • •

1 KUCHEN (8 STÜCKE)
ZUBEREITUNG: 40 MIN.
KÜHLEN: 10 MIN.
BACKEN: 1 STD.
PRO STÜCK: CA. 325 KCAL

5 Äpfel (z. B. Granny Smith oder Honey Crisp)
120 g Butter
150 g Zuckerrübensirup
1 Pck. Blätterteig (ca. 40 × 24 cm; aus dem Kühlregal)

100 g Crème fraîche zum Servieren

1 ofenfeste Pfanne (ca. 26 cm Ø)

1 Den Backofen auf 220° vorheizen. Die Äpfel schälen, vierteln, entkernen und in ca. 1 cm dicke Spalten schneiden.

2 Die Butter in der Pfanne schmelzen. Den Zuckerrübensirup dazugeben und so lange unter die Butter rühren, bis die Masse homogen und schön dickflüssig ist. Dann die Apfelspalten kreisförmig und leicht überlappend in der Pfanne anordnen.

3 Den Blätterteig ein wenig größer ausrollen und als Deckel über die Äpfel legen. Den Teig rundherum zwischen Äpfeln und Pfanne etwas feststecken. Den Teigdeckel mehrmals mit einer Gabel einstechen.

4 Die Pfanne in den Ofen (Mitte) stellen und die Tarte 25 Min. backen. Dann die Ofentemperatur auf 180° reduzieren und die Tarte weitere 25 Min. backen, bis der Blätterteig knusprig und schön goldbraun ist.

5 Die Pfanne aus dem Ofen nehmen und die Tarte 5–10 Min. abkühlen lassen, anschließend auf eine große Platte stürzen. Die Tarte Tatin noch lauwarm in Stücke schneiden und mit je 1 Klecks Crème fraîche servieren.

FRENCH DONUTS

• • •

FÜR 12 STÜCK
ZUBEREITUNG: 30 MIN.
RUHEN: 2 STD.
PRO STÜCK: CA. 550 KCAL

1 Pck. Trockenhefe
1 EL flüssiger Honig
300 g Mehl (Type 550)
Meersalz
120 g weiche Butter

Mehl zum Arbeiten
500 ml Sonnenblumenöl zum Frittieren
Puderzucker zum Bestäuben

1 In einer großen Rührschüssel Trockenhefe mit Honig und 240 ml lauwarmem Wasser verrühren. Den Ansatz ca. 5 Min. stehen lassen, bis sich an der Oberfläche Bläschen bilden.

2 Mehl mit 1 Prise Meersalz vermischen und mit der Butter zum Hefeansatz geben. Alles mit dem Knethaken der Küchenmaschine in 5 Min. zu einem glatten Teig verkneten. Den Teig zur Kugel formen, mit wenig Sonnenblumenöl bepinseln und abgedeckt an einem warmen Ort 1 Std. gehen lassen.

3 Dann den Teig auf einer leicht bemehlten Arbeitsfläche zu einem ½ cm dicken Rechteck ausrollen und dieses mit einem Messer in 12 kleine Quadrate (ca. 4 × 4 cm) schneiden. Den Teig abgedeckt nochmals 1 Std. gehen lassen.

4 Nun in einem großen Topf das Sonnenblumenöl auf 180° erhitzen. Hält man ein Holzstäbchen hinein und es bilden sich sofort Bläschen, ist die Temperatur genau richtig. Die Donuts portionsweise in das heiße Öl geben und darin in 2–3 Min. goldbraun und leicht knusprig frittieren, dabei einmal wenden. Mit einem Schaumlöffel aus dem Öl heben und auf Küchenpapier entfetten. Vorm Servieren mit Puderzucker bestäuben.

QUEENS

ASIAN FOOD

Steigt man an der Endstation in Queens aus der U-Bahn, könnte man auch irgendwo in Asien sein. **Mehr Chinatown als rund um die Main Street** *geht nicht. Pekingenten sucht man vergeblich und englischsprachige Schilder auch. Dafür bekommt man hier die mit Abstand besten Dumplings der ganzen Stadt. Allein deshalb lohnt sich ein Besuch in* **»Little Asia«** *in Queens.*

快速
照相
簽證
929-329-778

QUEENS – LITTLE ASIA MEETS BIG APPLE

Nördlich von Brooklyn und bereits auf Long Island gelegen, befindet sich Queens, das über die Queensboro Bridge mit Manhattan verbunden ist. Auch wenn man Queens als Tourist nicht unbedingt auf dem Radar hat, ein Ausflug in den flächenmäßig größten der fünf Stadtbezirke von New York lohnt sich.

Queens wurde einst von englischen Einwanderern gegründet, die das Viertel zu Ehren der damaligen Königin von England, der Frau König Charles' II., ganz einfach »Queens« nannten. Vor allem die Gegend rund um Flushing Meadows ist den meisten bekannt. Hier findet nicht nur jedes Jahr eines der vier Grand Slam Turniere im Tennis statt, sondern in den Jahren 1964 und 1965 auch die Weltausstellung, an die heute noch eine 42 Meter hohe Erdkugel aus Stahl, die »Unisphere«, erinnert.

AUF WELTREISE MIT DEM INTERNATIONAL EXPRESS

Queens ist viel zu groß, um es in kurzer Zeit zu erkunden, geschweige denn vollständig kennenzulernen. Zudem gibt es in Queens auch Ecken, die weniger schön sind und die man, insbesondere bei Einbruch der Dunkelheit, besser meiden sollte. Wir steigen am Times Square in Manhattan in die Subway Linie 7 und fahren 21 Stationen bis nach Queens. Schnell wird klar, warum diese U-Bahn-Linie auch den Spitznamen »International Express« trägt: Innerhalb weniger Minuten durchqueren wir Irland, den Orient, Lateinamerika, Indien, Mexiko und die Karibik, nur um wenig später an der Endstation Flushing/Main Street in Asien auszusteigen. Und genau auf diesen Teil von Queens wollen wir uns jetzt konzentrieren: auf »Little Asia« oder auch einfach »Chinatown«.

Flushings Chinatown hat so gar nichts mit dem touristischen Chinatown Manhattans zu tun. Bereits beim Verlassen der Subway merken wir: Es riecht, als wären wir irgendwo mitten in Asien. Nur wenige Meter weiter stellen wir fest, dass es weit und breit keine englischsprachigen Schilder gibt. Zumindest die Auslagen der Geschäfte, der Straßenstände und der Supermärkte sind allesamt auf Chinesisch. Auch mit unserem durchaus akzeptablen Englisch kommen wir hier nicht weiter. Alle Fragen, die wir stellen, werden entweder geflissentlich überhört oder wir bekommen die Antwort (?) auf Chinesisch präsentiert. Wir deuten, probieren und finden uns mit Gesten und einem freundlichen Lächeln halbwegs zurecht. Im Fenster hängende Pekingenten sucht man hier übrigens auch vergeblich.

In »Little Asia« in Queens sucht man englischsprachige Schilder vergeblich.

ZWISCHEN DUMPLINGS UND DONNERNDEN DÜSENJETS

Auf den Straßen herrscht ein kunterbuntes dichtes Gewusel und Gewimmel, während über uns eine Boing nach der anderen zum nahe gelegenen Flughafen »La Guardia« donnert. Kein Wunder also, dass auch hier die meisten Chinesen mit einem Mundschutz herumlaufen.

> *Lust auf Asien? Nur eine kurze Bahnfahrt mit der Linie 7 und sie stecken mittendrin. China, Korea, Vietnam – alles an einem Ort.*

Durch reinen Zufall finden wir den angeblich besten Dumpling-Laden in ganz Queens. Eine kleine Treppe führt uns in einen Keller, der sich als wahres Paradies für asiatische Küche entpuppt. Eng beieinander findet sich hier eine kleine Garküche neben der nächsten. Fast wird uns schwindelig von all den Gerüchen, und wir wissen nicht, wo wir anfangen sollen. Drei ältere Damen, die in wahrer Rekordzeit Dumplings zubereiten, lächeln uns freundlich zu und winken uns in ihre Küche. Damit ist klar: Genau hier beginnt unsere kulinarische Entdeckungsreise. Wir essen und essen, bis unsere Bäuche den Hosenbund zu sprengen drohen und vergessen fast, dass wir noch ganz viele andere Sachen probieren wollen. Der Nudelmann schwingt und zieht einen Klumpen Teig zu langen Nudeln, die kurze Zeit später als Ramen in unseren Suppenschalen landen. Köstlich!

Satt und rundum zufrieden fahren wir mit der Linie 7 zurück nach Manhattan und stellen fest: Ein kleiner Ausflug nach Queens, oder besser nach »Little Asia«, lohnt sich auf jeden Fall!

Oben: Krebse gelten als wahre Delikatesse. In »Little Asia« bekommt man sie daher in so gut wie jedem Supermarkt. | Rechts: Lunchtime – zum Glück reiht sich im asiatischen Viertel eine Garküche an die nächste.

炒菜
36 麻婆豆腐 Ma Po Tofu
37 干煸鶏 Chicken Saute Dire Chilli
38 豆花魚 Fish W/Hot And Spicy Sauce
39 水煮魚 Boiled Fish W/ Fiery Sauce
40 水煮牛肉 Boiled Beef W/ Fiery Sauce
41 冬菇燒肉 Pork & Mushrooms With Soy Sauce
42 魚香肉絲 Pork With Garlic Sauce
43 家常腰花 Kidneys With Family Sauce
44 家常熱窩鶏 Chicken With Family Sauce
45 臘肉回鍋 Spicy Twice Cooked Cureed Meat
46 香腸回鍋 Spicy Twice Cooked Sausage
47 香辣耳絲 Spicy Pig Ears
48 香辣肚絲 Spicy Pig Tripe
49 香辣牛肚 Spicy Ox Tripe
50 牛肉回鍋 Spicy Twice Cooked Beef
L $10/ S $7
府
Fu

Oben: Zwei Stäbchen und leckere Ramen – das ist Soulfood. | Rechts: Nudeln werden hier per Hand hergestellt und dabei durch die Luft gewirbelt – große Kunst.

MEAT

Wir kommen aus dem Staunen gar nicht mehr heraus: An jeder Ecke entdecken wir die feinsten Köstlichkeiten, die ein bisschen Asien nach New York bringen.

ASIAN FOOD

Nach unserem Ausflug nach Queens war sofort klar, dass man die Einflüsse der asiatischen Küche auch in New York überall findet.

Wie vermutlich die meisten Minderheiten, lebten auch die Chinesen, Japaner und andere asiatische Einwanderer über Generationen hinweg in ihren eigenen kleinen Communities, nachdem sie in ihre neue Heimat gekommen waren. Noch heute tun sich Menschen gleicher Herkunft gerne und oft zusammen, wenn sie im Ausland eine neue Bleibe finden: ob als Deutscher in China, als Amerikaner in Deutschland oder eben als Asiate in Amerika. Man umgibt sich viel lieber mit dem Bekannten und Vertrauten und hat so, fernab vom Heimatland, zumindest ein bisschen das Gefühl von »Zuhause sein« und auch von Sicherheit.

Mitte der 1970er Jahre erreichte der weltweite Culture-Mixing-Trend auch die USA. »Asiatisch« war damals in vielerlei Hinsicht gleichbedeutend mit »chinesisch«, und ausschlaggebend für ein gutes chinesisches Restaurant war nicht selten der am Ende mit der Rechnung überreichte Glückskeks. Dass die süßen Kekse mit der Zukunftsbotschaft weder eine chinesische, noch sonstige asiatische Tradition haben, spielte damals keine Rolle.

Das waren die Anfänge, doch zunehmend versuchte man nicht nur, fremde Kulturen zu integrieren, sondern man lernte sie auch zu schätzen. Und nicht selten sind es doch die kulinarischen Dinge, die Menschen zusammenführen, einander näher bringen und so auch dabei helfen, politisch-kulturelle Grenzen zu verwischen und miteinander in Einklang zu bringen. Aus den Einflüssen der mexikanischen Küche wurde zum Beispiel »Tex-Mex« und auf der italienischen Pizza landete die Ananas, beides Dinge, die man so in den Heimatländern Mexiko oder Italien sicher nicht findet. Fusion eben.

Doch keine andere Küche hat so einen großen Einfluss auf die amerikanische wie die asiatische. Mit der zunehmenden Zahl asiatischer Einwanderer gelangten einzigartige Gewürze, neue Arten der Zubereitung und niemals zuvor probierte Zutaten-Kombinationen in die USA. Als geschichtsträchtiger Moment der asiatisch-amerikanischen Küchenszene gilt die Eröffnung des Restaurants »Trader Vic's« 1937 in Oakland, Kalifornien. Hier gab es die wohl erste Speisekarte mit Gerichten, die die Asien-US-Fusion widerspiegelten. Zwar schloss das Lokal 1970, aber der Weg für Asian Food war damit geebnet. Und es war auch nicht mehr wegzudenken, weil weiterhin Einwanderer aus Asien in die USA kamen.

Es folgte der Sushi-Boom in den 1980iger Jahren, das Essen der Hollywood-Schauspieler und der Wall Street Banker. Und bis heute ist kein Ende in Sicht: Asiatische Lebensmittel findet man mittlerweile in fast jedem Supermarkt und weil es meist schnell zubereitet, lecker, leicht und bekömmlich ist, hat die asiatische Küche nicht nur in New York, sondern weltweit viele, viele Anhänger und Fans.

DUMPLINGS

Die wohl besten gefüllten Teigtäschchen von New York, nein, von gesamt Nordamerika, haben wir mitten in Queens in einem »Keller« mit mehreren Garküchen bei drei reizenden chinesischen Ladys gegessen. Hitverdächtig!

• • •

FÜR 24 STÜCK
ZUBEREITUNG: 1 STD. 20 MIN.
RUHEN: 1 STD. 30 MIN.
PRO STÜCK: CA. 70 KCAL

TREND REZEPT

220 g Mehl
Meersalz
1 Stück Ingwer (ca. 2 cm lang)
250 g gemischtes Hackfleisch
60 ml Fleischbrühe
1 EL helle Sojasauce
Pfeffer
1 Möhre
4 Frühlingszwiebeln
2 EL Sesamöl

Mehl zum Arbeiten
helle Sojasauce und Sesam zum Servieren

EINKAUFS-TIPP
WER KEINE LUST ODER ZEIT HAT, DEN TEIG SELBER HERZUSTELLEN – ES GIBT DIE AUSGEROLLTEN TEIGBLÄTTER TIEFGEKÜHLT IN JEDEM GUT SORTIERTEN ASIA-MARKT ZU KAUFEN. VORM VERWENDEN BEI ZIMMERTEMPERATUR AUFTAUEN LASSEN.

1 Das Mehl mit 115 ml heißem Wasser und 1 Prise Meersalz mit den Knethaken des Handrührgerätes zu einem glatten Teig verkneten. Mit Frischhaltefolie abgedeckt 1 Std. ruhen lassen.

2 Anschließend den Teig noch einmal gut durchkneten und abgedeckt weitere 30 Min. ruhen lassen. Ingwer schälen und fein hacken. Mit Hackfleisch, Fleischbrühe und Sojasauce vermengen und kräftig mit Meersalz und Pfeffer würzen. Die Hackmasse abgedeckt 30 Min. kalt stellen.

3 Nun die Möhre schälen, Frühlingszwiebeln waschen und putzen. Beides sehr fein hacken und unter die Hackmasse mengen. Die Füllung mit Meersalz und Pfeffer abschmecken.

4 Den Teig halbieren und auf einer leicht bemehlten Arbeitsfläche zu zwei Rollen formen. Jede Rolle in 12 Stücke schneiden und diese zu kleinen Kugeln formen. Teigkugeln flach drücken und rund ausrollen (ca. 10 cm Ø). Je 1–1 ½ EL Füllung in die Mitte jedes Teigkreises setzen, die Teigränder mit ein wenig Wasser befeuchten und über der Füllung zusammendrehen.

5 In einer großen Pfanne (mit Deckel!) das Sesamöl erhitzen. Dumplings in die Pfanne setzen und bei großer Hitze 2 Min. anbraten, bis die Unterseiten leicht braun werden. Dann die Temperatur reduzieren, 120 ml Wasser angießen und den Deckel auf die Pfanne legen. Die Dumplings bei mittlerer Hitze ca. 5 Min. köcheln lassen, bis sie vollständig durchgegart sind. Mit Sojasauce und Sesam zum Dippen servieren.

RAMEN

Nach einer herrlich aufregenden, aber stunden- und kilometerlangen Entdeckungstour durch Big Apple hat uns diese beliebte japanische Nudelsuppe wieder zu neuen Kräften verholfen!

• • •

FÜR 4 PERSONEN
ZUBEREITUNG: 40 MIN.
PRO PORTION: CA. 625 KCAL

4 Hähnchenbrustfilets (à ca. 200 g, mit Haut)
Meersalz, Pfeffer
2 EL Butterschmalz
1 Stück Ingwer (ca. 4 cm lang)
4 Knoblauchzehen
2 EL Sesamöl
6 EL helle Sojasauce
4 EL Reiswein
1 l Hühnerbrühe
50 g getrocknete Shiitake (Pilze)
4 Eier (M)
1 Bund Frühlingszwiebeln
200 g chinesische Eiernudeln (Mie-Nudeln)

ZEIT SPAREN?
KEIN PROBLEM! EINFACH FLEISCH VON EINEM FERTIGEN BRATHÄHNCHEN NEHMEN, STATT FRISCHE HÄHNCHENBRUSTFILETS ZU GAREN.

1 Den Backofen auf 190° vorheizen. Die Hähnchenbrustfilets kalt abbrausen, trocken tupfen und mit Meersalz und Pfeffer würzen. Butterschmalz in einer ofenfesten Pfanne schmelzen. Darin die Filets bei großer Hitze mit der Haut nach unten ca. 5 Min. braten, bis die Haut braun wird. Wenden und die andere Seite 3–4 Min. braten. Dann die Pfanne in den Ofen (Mitte) stellen und die Filets in 8–10 Min. gar braten. Aus dem Ofen nehmen und mit Alufolie abdecken.

2 Inzwischen Ingwer und Knoblauch schälen und fein hacken. Sesamöl in einem großen Topf erhitzen. Ingwer und Knoblauch darin andünsten. Mit Sojasauce und Reiswein ablöschen und 1–2 Min. köcheln lassen. Hühnerbrühe dazugießen, aufkochen und dann bei kleiner Hitze 5 Min. köcheln lassen. Die Shiitake in den Topf geben und die Brühe ca. 10 Min. weiterköcheln.

3 Die Eier in ausreichend Wasser in ca. 7 Min. wachsweich kochen (das Eigelb sollte weich, aber nicht mehr flüssig sein), dann kalt abschrecken, schälen und halbieren. Die Eiernudeln nach Packungsanweisung zubereiten. Die Frühlingszwiebeln waschen, putzen und möglichst schräg in sehr feine Ringe schneiden. Hähnchenbrustfilets in dünne Scheiben schneiden.

4 Zum Anrichten die Brühe samt Shiitake auf Suppenschalen verteilen. Die Eiernudeln, das Hähnchenfleisch und die Eier dazugeben. Mit Frühlingszwiebeln bestreuen und servieren.

GLASNUDELSALAT

Auch in New York City ein wahrer Klassiker und echter Büfett-Star! Ob beim BBQ, der Geburtstagsfeier oder einer der vielen Motto-Partys – dieser Salat überrascht immer wieder durch seine würzige Frische.

• • •

FÜR 4 PERSONEN
ZUBEREITUNG: 20 MIN.
PRO PORTION: CA. 315 KCAL

200 g Glasnudeln
3 Möhren
1 rote Paprika
300 g Brokkoli
1 Bund Frühlingszwiebeln
1 EL Sesamöl
Meersalz, Pfeffer
1 Bund Koriandergrün

4 EL Fischsauce
4 EL helle Sojasauce
Saft von 1 Limette
¼ TL Chiliflocken
2 Prisen Zucker

1 EL Schwarzkümmelsamen zum Bestreuen

1 Die Glasnudeln mit kochend heißem Wasser übergießen und ca. 10 Min. ziehen lassen. Dann in ein Sieb abgießen, kalt abbrausen, mit der Küchenschere in 5–10 cm lange Stücke schneiden und in eine große Schüssel geben.

2 Inzwischen die Möhren schälen, quer dritteln oder vierteln und längs in dünne Scheiben schneiden. Die Möhrenscheiben dann in feine Streifen schneiden. Die Paprika halbieren, weiße Trennwände und Kerne entfernen, die Hälften waschen und in feine Streifen schneiden. Den Brokkoli waschen, putzen und in möglichst kleine Röschen teilen. Frühlingszwiebeln waschen, putzen und schräg in dünne Ringe schneiden.

3 In einem Wok das Sesamöl erhitzen. Darin das Gemüse unter Rühren 3–4 Min. braten. Mit Meersalz und Pfeffer würzen, anschließend zu den Glasnudeln in die Schüssel geben. Den Koriander abbrausen und trocken schütteln, die Blättchen abzupfen, fein hacken und ebenfalls in die Schüssel geben.

4 Für das Dressing die Fischsauce mit der Sojasauce und dem Limettensaft verrühren. Mit Chiliflocken und Zucker würzen. Das Dressing über den Salatzutaten verteilen und alles gut miteinander vermengen.

5 Den Schwarzkümmel in einer kleinen Pfanne 2–3 Min. anrösten, bis die Samen aromatisch duften. Vor dem Servieren über den Salat streuen.

CHINESISCHE PFANNKUCHEN

Diese knusprigen, dünnen Pfannkuchen sind nicht nur in China ein beliebtes Streetfood. Unbedingt mit einer Sauce zum Dippen servieren!

• • •

FÜR 4 PERSONEN
ZUBEREITUNG: 1 STD.
PRO PORTION: CA. 385 KCAL

300 g Mehl
1 Bund Frühlingszwiebeln
1 Bund Schnittlauch
¼ TL chinesisches 5-Gewürze-Pulver
Meersalz

100 g saure Sahne
50 g Mayonnaise
1 EL Chilisauce (z. B. Sriracha)
1 ½ TL flüssiger Honig
½ TL Knoblauchsalz

Sonnenblumenöl zum Backen

1 Das Mehl und 420 ml Wasser mit einem Schneebesen verrühren, bis keine Klümpchen mehr vorhanden sind. Den Teig 10 Min. ruhen lassen. Den Backofen auf 80° vorheizen.

2 Inzwischen saure Sahne, Mayonnaise, Chilisauce, Honig und Knoblauchsalz zu einem cremigen Dip verrühren. Die Frühlingszwiebeln waschen, putzen, in dünne Ringe schneiden. Schnittlauch abbrausen, trocken schütteln, in Röllchen schneiden.

3 Zwiebeln, Schnittlauch, 5-Gewürze-Pulver und etwas Meersalz unter den Teig rühren. In einer großen (gusseisernen) Pfanne nacheinander dünne Pfannkuchen ausbacken: Jeweils 1–2 EL Öl erhitzen. 1 Schöpfkelle Teig dazugeben und durch Schwenken der Pfanne gleichmäßig verteilen. Pfannkuchen bei mittlerer Hitze auf jeder Seite in 2–3 Min. goldbraun backen, auf Küchenpapier entfetten und im Ofen warmhalten.

4 Die chinesischen Pfannkuchen mit dem Honig-Chili-Dip auf den Tisch stellen. Oder auch einmal eine süße Chilisauce (siehe S. 223) dazu probieren.

SÜSSE CHILISAUCE

Die Sauce passt nicht nur zu Asia-Gerichten, sondern ist auch ein Highlight bei jedem BBQ. Einmal selber hergestellt, mag man sie nie wieder anders!

• • •

FÜR CA. 250 ML
ZUBEREITUNG: 15 MIN.
PRO GLAS: CA. 275 KCAL

60 ml Reisessig
50 g Zucker
2 TL Chiliflocken
1 Knoblauchzehe
2 TL Speisestärke

1 Schraubglas (ca. 250 ml)

AUSTAUSCH-TIPP
STATT DER GETROCKNETEN CHILIFLOCKEN KANN MAN AUCH 1–2 MÖGLICHST FEIN GEHACKTE FRISCHE ROTE CHILISCHOTEN VERWENDEN.

1 Den Reisessig mit 120 ml Wasser, dem Zucker und den Chiliflocken in einen kleinen Topf geben. Knoblauch schälen und dazupressen. Alles unter Rühren erhitzen, bis sich der Zucker aufgelöst hat, anschließend die Sauce bei mittlerer Hitze noch 5 Min. einköcheln lassen.

2 Die Speisestärke zuerst mit 3 EL kaltem Wasser, dann mit der Chilisauce verrühren. Die Sauce unter Rühren 1–2 Min. kochen lassen, bis sie anfängt dick zu werden.

3 Die heiße Chilisauce sofort in das gründlich gesäuberte Glas füllen und gut verschließen. Im Kühlschrank aufbewahren. Haltbarkeit: ca. 4 Wochen. Passt nicht nur zu chinesischen Pfannkuchen (siehe S. 222), sondern schmeckt auch ganz hervorragend zu Dumplings (siehe S. 216), Frühlings- oder Sommerrollen und sogar zu Pommes.

CURRY-BRATREIS

Würziger chinesischer Bratreis mit indischem Currypulver und knusprigen amerikanischen Röstzwiebeln – mehr Fusion geht nicht! Perfekt auch zum Mitnehmen für den Lunch im Büro.

• • •

FÜR 4 PERSONEN
ZUBEREITUNG: 15 MIN.
MARINIEREN: 30 MIN.
PRO PORTION: CA. 590 KCAL

250 g Rindfleisch zum Kurzbraten (z. B. Filet oder Lende)
2 EL helle Sojasauce
1 TL Speisestärke
1 Stück Ingwer (ca. 3 cm lang)
2 Knoblauchzehen
1 Bund Frühlingszwiebeln
1 Bund Koriandergrün
3 EL Sesamöl
600 g gekochter Basmati-Reis (am besten vom Vortag)
200 g TK-Erbsen (aufgetaut)
1 EL Currypulver
Meersalz, Pfeffer
2 EL Röstzwiebeln (Fertigprodukt)

1 Das Rindfleisch in dünne Streifen schneiden. Die Sojasauce und die Speisestärke verrühren und gründlich mit den Fleischstreifen vermischen. Abgedeckt im Kühlschrank mindestens 30 Min. marinieren lassen.

2 Dann Ingwer und Knoblauch schälen und fein hacken. Die Frühlingszwiebeln waschen, putzen und schräg in dünne Ringe schneiden, dabei den weißen und grünen Anteil trennen. Den Koriander abbrausen und trocken schütteln, die Blättchen abzupfen und grob hacken.

3 Das Sesamöl in einer großen Pfanne oder in einem Wok erhitzen. Ingwer, Knoblauch und die weißen Zwiebelringe darin 1–2 Min. andünsten. Das Fleisch dazugeben und bei großer Hitze 2–3 Min. kräftig anbraten, dabei immer wieder umrühren.

4 Die Hitze reduzieren und den gekochten Reis, die aufgetauten Erbsen und das Currypulver unter das Fleisch mischen. Kräftig mit Meersalz und Pfeffer würzen und bei Bedarf noch 1–2 EL Wasser hinzufügen, falls der Reis zu trocken ist.

5 Den Bratreis auf Teller oder Schalen verteilen und mit dem gehackten Koriander, den grünen Zwiebelringen und den Röstzwiebeln bestreuen. Sofort servieren.

SOBA-NUDELN MIT ERDNUSSSAUCE

Ein herrlich sämiges Gericht, das sich je nach Jahreszeit mit allerlei Gemüsesorten variieren lässt. Dabei allerdings ein echtes Muss: Erdnussbutter. Diese gehört wohl zu den Grundnahrungsmitteln der Amerikaner, und zudem fusioniert sie hier herrlich mit Nudeln auf japanische Art!

• • •

FÜR 4 PERSONEN
ZUBEREITUNG: 25 MIN.
PRO PORTION: CA. 610 KCAL

TREND REZEPT

8 EL cremige Erdnussbutter
6 EL helle Sojasauce
1 ½ EL Chilisauce (z. B. Sriracha)
2 EL Sesamöl
250 g Soba-Nudeln
300 g Brokkoli
250 g Champignons
1 rote Paprika
1 Bund Frühlingszwiebeln
1 Bund Koriandergrün
2 EL Sesam

1 Die Erdnussbutter mit Sojasauce, Chilisauce, 1 EL Sesamöl und 1–2 EL heißem Wasser zu einer cremigen Sauce verrühren. Die Soba-Nudeln nach Packungsanweisung in reichlich Wasser bissfest kochen, in ein Sieb abgießen, kalt abschrecken, abtropfen lassen und sofort mit der Hälfte der Erdnusssauce vermischen. Abgedeckt ziehen lassen, bis sie gebraucht werden.

2 Inzwischen den Brokkoli waschen, putzen und in kleine Röschen teilen. Champignons putzen und in dünne Scheiben schneiden. Die Paprika vierteln, weiße Trennwände und Kerne entfernen, die Viertel waschen und quer in dünne Streifen schneiden. Die Frühlingszwiebeln waschen, putzen und schräg in dünne Ringe schneiden. Koriander abbrausen und trocken schütteln, Blättchen abzupfen und grob hacken. Den Sesam in einer Pfanne rösten, bis er aromatisch duftet.

3 In einer großen Pfanne oder in einem Wok das restliche Sesamöl (1 EL) erhitzen. Darin Brokkoli, Champignons und Paprika bei mittlerer Hitze 5–6 Min. anbraten. Die übrige Erdnusssauce hinzufügen und alles 1–2 Min. köcheln lassen. Die Nudeln zum Gemüse geben und alles gut vermengen.

4 Die Gemüse-Soba-Nudeln auf Teller oder Schalen verteilen und mit geröstetem Sesam, Frühlingszwiebelringen und dem gehackten Koriander servieren.

LUST AUF EINEN MINI-APPETIZER?
SCHNELL, EINFACH UND UNWIDERSTEHLICH GUT: FÜR 4–6 PERSONEN 1 BIO-SALATGURKE WASCHEN UND MÖGLICHST SCHRÄG IN CA. ½ CM DICKE SCHEIBEN SCHNEIDEN. AUF JEDE GURKENSCHEIBE 1 TL ERDNUSSBUTTER STREICHEN UND 1 KLECKS SAMBAL OELEK DARAUFSETZEN.

Beste Crew: Martin und Sonja Stötzel, Lea Albat und Vivi D'Angelo. Gemeinsam haben wir New York einmal auf den Kopf gestellt und die angesagtesten Viertel und besten Foodtrends ausfindig gemacht.

FOSTER
SUNDRY

REZEPTREGISTER

G

H

I

J

M

N

O

P

T

W

Z

COVER REZEPT

Viele Gemüsesorten lassen sich ganz einfach zu leckeren Chips verarbeiten. Besonders beliebt sind Süßkartoffeln, Möhren, Grünkohl, Kürbis, Zucchini, Pastinaken, Rote und Gelbe Beten: Den Backofen auf 150° vorheizen und ein Backblech mit Backpapier auslegen. Das Gemüse waschen und putzen, falls nötig schälen und anschließend in möglichst feine Scheiben hobeln, den Grünkohl in dünne Streifen schneiden. Das Gemüse in eine Schüssel geben und mit grobem Meersalz und getrockneten Kräutern nach Belieben würzen. Ein wenig Olivenöl darüberträufeln und alles vorsichtig vermischen. Das Gemüse auf das Backblech geben und so darauf verteilen, dass die Scheiben oder Streifen sich nicht überlappen Im Ofen (Mitte) 40–50 Min. backen. Dabei zwischendurch immer mal wieder kurz die Backofentüre öffnen, damit die Feuchtigkeit entweichen kann und die Chips schön knusprig werden. Fertige Gemüsechips auskühlen lassen und dann als gesunden Snack genießen.

APPETIT AUF MEHR?

ISBN 978-3-8338-6158-1

ISBN 978-3-8338-6157-4

ISBN 978-3-8338-6454-4

ISBN 978-3-8338-4314-3

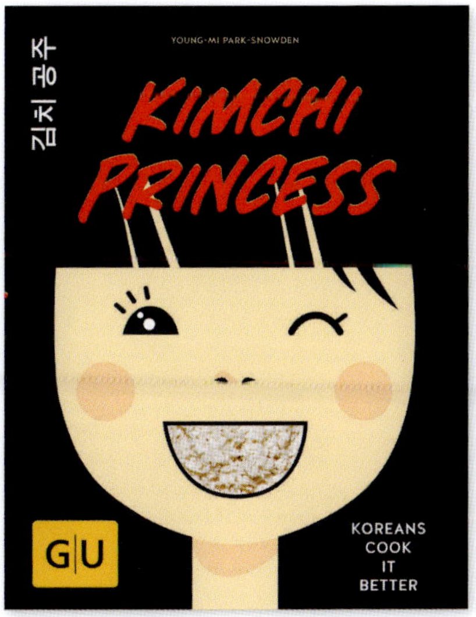

ISBN 978-3-8338-5879-6

ISBN 978-3-8338-6155-0

Alle hier vorgestellten Bücher sind auch als eBook erhältlich.

G|U

Mehr von GU auf **www.gu.de** und **facebook.com/gu.verlag**

eing

USK